Lieblingsorte

74 Urban Art in Schmalkalden [C6]

Für Fachwerk ist Schmalkalden schon seit Langem bekannt, seit 2014 gibt es südwestlich des Thüringer Walds auch Urban Art zu entdecken. Seinerzeit ging die Stadt einen Bund mit renommierten Street-Art-Künstlern ein. Die Werke, die im Rahmen des Projekts „Wallcome" entstanden, setzen sich mit dem jüdischen Leben in Thüringen auseinander (s. S. 106).

005mt-db

26 Zitadelle Petersberg in Erfurt [S. 144]

In der Altstadt Erfurts 17 ist stets viel los – da tut es gut, den Petersberg zu erklimmen, auf dem sich eine der wenigen erhaltenen Stadtfestungen Mitteleuropas befindet. Hier kann man eine Verschnaufpause einlegen und über die nächsten Ziele beratschlagen (s. S. 49).

098mt©Henry Czauderna, stock.adobe.com

69 Über allen Gipfeln in Ilmenau [D6]

Vom Kickelhahn aus, dem Hausberg Ilmenaus, lässt man bei klarem Wetter den Blick über die Höhen des Thüringer Walds schweifen. Der Aufstieg gelingt am besten über den Goethewanderweg, der durch dichten Forst und idyllische Täler an zahlreichen ehemaligen Wirkungsstätten des Dichters vorbeiführt (s. S. 100).

006mt-db

10 Über allen Wipfeln im Nationalpark Hainich [C4]

Mit einem Wald im eigentlichen Sinne haben unsere heutigen Baumplantagen wenig zu tun, das wird bei einem Abstecher in den Nationalpark Hainich deutlich. Der Besuch des Baumkronenpfads stellt den Höhepunkt eines Besuchs dar, steht man hier doch dem UNESCO-Weltnaturerbe Auge in Auge gegenüber (s. S. 31).

007mt©Johannes Hulsch, Nationalpark-Verwaltung Hainich

Inhalt

1 Hier war Goethe (nie)
1 Der Autor
2 Meine Lieblingsorte
8 Benutzungshinweise

9 Thüringen im Überblick

10 Thüringen – ein Porträt
11 Steckbrief Thüringen
13 Meine Literaturtipps
14 Unterkunft finden
15 Wie die Region am besten erkunden?

17 Thüringen entdecken

18 Nordthüringen
18 ❶ Nordhausen ★★ [D2]
19 ❷ Gedenkstätte KZ Mittelbau-Dora [D2]
21 ❸ Schloss Sondershausen ★ [D3]
22 ❹ Reichsburg mit Kyffhäuser-Denkmal ★★ [E2]
24 Der falsche Friedrich im Kyffhäuser
25 ❺ Barbarossahöhle ★ [E3]
26 ❻ Panorama Museum Bad Frankenhausen ★★★ [E3]
28 ❼ Mühlhausen ★★ [C4]
29 ❽ St. Marien und Thomas-Müntzer-Gedenkstätte ★★ [C4]
29 ❾ Historische Wehranlage Mühlhausen ★ [C4]
30 Thomas Müntzer – Revolutionär mit Regenbogenflagge

31 Thüringer Kernland
31 ❿ Nationalpark Hainich ★★★ [C4]
33 ⓫ Gotha ★★ [D5]
34 ⓬ Schloss Friedenstein ★★ [C5]
35 Ernst und seine Enkel
36 ⓭ Herzogliches Museum ★ [C5]
36 ⓮ Hauptmarkt ★ [D5]
38 Drei Gleichen ★
38 ⓯ Arnstadt ★ [D6]
39 ⓰ Schlossmuseum im Neuen Palais ★ [D6]
41 ⓱ Erfurt ★★★ [E5]
42 ⓲ Anger ★★ [S. 144]
43 ⓳ Krämerbrücke ★★★ [S. 144]
44 ⓴ Michaelisstraße ★ [S. 144]
45 ㉑ Alte Synagoge ★★ [S. 144]
45 ㉒ Augustinerkloster ★ [S. 144]

Hier war Goethe (nie)

Der Anbieter der 2017 mit dem Best-of Interior-Award ausgezeichneten Design Apartments in Weimar 28 bewirbt seine Unterkünfte mit dem Slogan: „Hier war Goethe nie." Der Spruch ziert zudem zahlreiche Schilder, die sich Hausbesitzer als augenzwinkernden Hinweis ans thüringische Eigenheim geschraubt haben. Nicht nur dem Lebensweg des berühmten Dichters (s. S. 61) kann man in der Region auf Schritt und Tritt folgen – oder umgekehrt jene Orte entdecken, die er verpasst hat –, ähnlich steht es auch um Luther, Schiller oder Bach. Thüringen gilt heute als „Herzland deutscher Kultur", „Kernland der Reformation", „Land der Klassik", als Wiege des Bauhauses (s. S. 56) und der Sozialdemokratie (s. S. 34). Da verwundert es kaum, dass gleich mehrere Ortschaften für sich in Anspruch nehmen, der Mittelpunkt der Republik zu sein (s. S. 28).

Die Realität ist wie immer komplexer, als uns die Werbeformeln glauben machen wollen, gehören doch auch Kleinstaaterei (s. S. 129) oder die deutsche Teilung zur hiesigen Geschichtsschreibung. Wenn wir uns den Landstrich erschließen wollen, sollten uns die historischen Brüche in „Deutschlands grüner Mitte" deshalb genauso interessieren wie die kulturgeschichtlichen Kontinuitäten.

Hinzu kommt die persönliche Sicht. Der Freistaat liegt mit nur rund 2,1 Mio. Einwohnern zwar weit hinten im föderalen Ranking. Die Lebensrealität dieser Menschen, das, was sie an ihrer Region schätzen, das, was sie scheuen, wird nicht immer deckungsgleich mit den Empfehlungen dieses Buches sein. Deswegen lege ich hier meine bisherigen Berührungspunkte offen: Den letzten Urlaub mit meinen Eltern verbrachte ich in Zella-Mehlis. Eine gute Freundin kommt aus Ilmenau 69. Wichtiger aber ist: Als in der Corona-Pandemie alle Fernwege versperrt waren, fuhren wir mit den Kindern ins Kyffhäuserland (s. S. 22) – und wir haben es nicht bereut.

Seitdem drängen sich Fragen auf: Warum in Zeiten des Klimawandels CO2-Tonnen stapeln, wenn man ohne großen Reisestress auch am Thüringer Meer 52 liegen kann? Warum kreuz und quer durch die Republik düsen, wenn man auch mittendrin Station machen kann? Wir könnten morgen auf der anderen Seite des Planeten sein. Dort war Goethe nie, so viel ist sicher. Aber jetzt sind wir hier.

Der Autor

David Blum studierte Germanistik in Potsdam und Leipzig sowie Literarisches Schreiben am Deutschen Literaturinstitut Leipzig. Als freier Autor verfasst er Belletristik, Jugend- und Reisebücher, bei Reise Know-How erschienen bereits die CityTrip-Bände Leipzig und Magdeburg. Er erhielt diverse Auszeichnungen, zuletzt 2023 den Peter-Härtling-Preis. Er lebt mit seiner Familie im Örtchen Leipzig nahe Altenburg 59.

093mt©Gert Mothes

Meine

001mt-db

6 Panorama Museum Bad Frankenhausen [E3]

Ein Schlachtenpanorama nach dem Vorbild des Moskauer Borodino-Museums sollte Werner Tübke schaffen, doch dieser ging mit seinem Monumentalgemälde, für das bei Bad Frankenhausen eigens ein Gebäudekomplex errichtet wurde, weit über die Darstellung der Entscheidungsschlacht des Bauernkriegs hinaus (s. S. 26).

002mt-sfg

51 Saalfelder Feengrotten [F7]

„Lägen diese Grotten nicht in Deutschland, sondern etwa in Amerika, wäre man längst aus aller Welt dorthin gepilgert." Was der Naturforscher Ernst Haeckel zur Eröffnung so treffend formulierte, gilt auch heute noch. Lassen Sie sich auf jeden Fall von diesem Schaubergwerk verzaubern (s. S. 80)!

003mt-db

29 Bauhaus-Museum in Weimar [S. 54]

„Ein Ding ist bestimmt durch sein Wesen. Um es so zu gestalten, dass es richtig funktioniert – ein Gefäß, ein Stuhl, ein Haus –, muss sein Wesen zuerst erforscht werden" – und genau das tat Walter Gropius am Staatlichen Bauhaus in Weimar 28. Seine Erkenntnisse veränderten die Welt und werden in dem 2019 eingeweihten Museum präsentiert (s. S. 56).

004mt-db

36 Park an der Ilm in Weimar [S. 54]

Wenn man den Klassikern in Weimar genug nachgewetzt ist, sollte man es sich nicht entgehen lassen, in der beschaulichen Gartenanlage an der Ilm zu chillen. Auch hier begegnet man natürlich den Dichtern und Denkern vergangener Epochen, etwa in Form von Goethes Gartenhaus 37 und dem Liszt-Haus (s. S. 64).

46 23 Fischmarkt ★ [S. 144]
47 24 Predigerkirche ★ [S. 144]
47 25 Domberg mit Dom St. Marien und Severikirche ★★★ [S. 144]
49 26 Zitadelle Petersberg ★★★ [S. 144]
50 27 egapark ★★ [S. 144]
53 28 Weimar ★★★ [F5]
56 29 Bauhaus-Museum ★★★ [S. 54]
57 30 Herderkirche ★ [S. 54]
58 31 Deutsches Nationaltheater ★★★ [S. 54]
60 32 Schillers Wohnhaus und Schiller-Museum ★★★ [S. 54]
61 33 Goethes Wohnhaus und Goethe-Nationalmuseum ★★★ [S. 54]
62 34 Markt ★ [S. 54]
63 35 Herzogin Anna Amalia Bibliothek ★★★ [S. 54]
64 36 Park an der Ilm ★★★ [S. 54]
64 37 Goethes Gartenhaus ★★ [S. 54]
65 38 Schloss und Park Belvedere ★ [F5]
66 39 Gedenkstätte KZ Buchenwald [E5]
69 40 GlockenStadtMuseum Apolda ★ [F5]

70 Saaleland

70 41 Dornburger Schlösser ★★ [G5]
71 42 Jena ★★★ [G5]
72 43 Schillers Gartenhaus ★ [S. 73]
72 44 JenTower ★ [S. 73]
74 45 Botanischer Garten ★ [S. 73]
74 46 Zeiss-Planetarium ★★ [S. 73]
76 47 Leuchtenburg ★★ [G6]
77 48 Rudolstadt ★★ [F6]
78 49 Schillerhaus Rudolstadt ★ [F6]
78 50 Residenzschloss Heidecksburg ★★ [F6]
80 51 Saalfelder Feengrotten ★★ [F7]
81 52 Thüringer Meer ★★★ [F7]

82 Ostthüringen

82 53 Gera ★★ [H5]
83 54 Orangerie ★★ [H5]
84 55 Otto-Dix-Haus ★ [H5]
84 56 Historische Höhler ★ [H5]
84 57 Haus Schulenburg ★★ [H5]
85 58 Oberes und Unteres Schloss Greiz ★ [I6]
87 59 Altenburg ★★ [J5]
87 60 Lindenau-Museum ★★ [J5]
88 61 Residenzschloss Altenburg ★★ [J5]

90 Thüringer Wald

90 62 Eisenach ★★★ [B5]
91 63 Automobile Welt Eisenach ★ [B5]

Bewertung der Sehenswürdigkeiten
★★★ nicht verpassen
★★ besonders sehenswert
★ wichtig für speziell interessierte Besucher

Updates zum Buch
www.reise-know-how.de/meintrip/thueringen23

92 (64) Lutherhaus Eisenach ★★ [B5]
93 (65) Bachhaus Eisenach ★★★ [B5]
93 (66) Wartburg ★★★ [B5]
97 (67) Marienglashöhle Friedrichroda ★ [C6]
98 (68) Oberhof ★ [D6]
99 (69) Ilmenau ★★ [D6]
101 (70) Thüringer Bergbahn ★★ [E7]
102 (71) Suhl ★★ [D7]
102 (72) Waffenmuseum Suhl ★ [D7]

104 Südthüringen
104 (73) Gradierwerk Bad Salzungen ★ [B6]
104 (74) Schmalkalden ★★ [C6]
105 (75) Schloss Wilhelmsburg ★★ [C6]
106 (76) Meiningen ★★ [C7]
107 Die Knolle von Frau Holle
108 (77) Schloss Elisabethenburg ★★ [C7]
109 (78) Staatstheater Meiningen ★ [C7]

111 Thüringen aktiv
112 Baden und Wassersport
113 Radfahren
115 Wandern
118 Weitere Aktivitäten

119 Thüringen erleben
120 Events, Feste und Folklore
121 Von drauß' vom (Thüringer) Walde komm ich her
122 Thüringen kulinarisch
126 Stöbern und Shoppen in Thüringen
128 Von den Anfängen bis zur Gegenwart
131 Am Eisernen Vorhang entlang

133 Anhang
134 Praktische Reisetipps
134 An- und Rückreise
134 Barrierefreies Reisen
135 Geldfragen
135 Informationsquellen
135 Thüringen preiswert
136 Notfälle
137 Wetter und Reisezeit
138 Register
142 Impressum
143 Zeichenerklärung
143 Thüringen mit PC, Smartphone & Co.
144 Stadtplan Erfurt

Kunst hoch über Rudolstadt (48): Der Vorlass des Bildhauers Volkmar Kühn befindet sich seit 2015 im Thüringer Landesmuseum im Residenzschloss Heidecksburg (50), darunter diese Reiterplastik, die auf der mittleren Schlossterrasse zu sehen ist (008mt-db)

Benutzungshinweise

Orientierungssystem

Die in den folgenden Kapiteln beschriebenen Attraktionen sind jeweils mit einer **fortlaufenden magentafarbenen Nummer** (1) gekennzeichnet, die sich als Ortsmarke im Faltplan oder Ortsplan wiederfindet. Steht die Nummer im Fließtext, verweist sie auf die ausführliche Beschreibung dieser Attraktion.

Alle weiteren Points of Interest wie Unterkünfte, Restaurants oder Cafés tragen ein **Symbol und eine fortlaufende rote Nummer** (**1**).

Die Angabe in **eckigen Klammern** verweist auf das Planquadrat im Faltplan bzw. auf die Seitenzahl des Ortsplans. Beispiele:
17 Erfurt ★★★ [E5]
64 [S. 144] Klara Grün

Befinden sich Points of Interest außerhalb der Ortspläne, kann ihre Lage wie die aller Ortsmarken mithilfe der **begleitenden Web-App** (s. S. 143) angezeigt werden:
www.reise-know-how.de/meintrip/thueringen23

Der Schmetterling ...

... zeigt an, wo man besonders gut Natur erleben kann oder Angebote im Bereich des nachhaltigen Tourismus findet.

Kinder-Tipps

Das Symbol kennzeichnet Sehenswertes, Unterkünfte und Aktivitäten, an denen auch kleine Urlauber ihre Freude haben.

Preiskategorien

Unterkünfte

Preis für ein Doppelzimmer mit Frühstück:

€	bis 60 €
€€	60–120 €
€€€	ab 120 €

Gastronomie

Durchschnittspreis für ein Hauptgericht ohne Getränk:

€	bis 15 €
€€	15 €–25 €
€€€	ab 25 €

Vorwahlen

- **Deutschland:** 0049
- **Österreich:** 0043
- **Schweiz:** 0041

Die Telefonnummern in diesem Buch sind stets mit der entsprechenden Ortsvorwahl angegeben.

011mt-db

Thüringen – ein Porträt

Der **Freistaat** Thüringen ist ein zentral in der **Mitte Deutschlands** gelegenes Bundesland, flächenmäßig vergleichsweise klein und mit relativ geringer Einwohnerzahl. Wenngleich fernab jeder Küste, zeigt es sich im Hinblick auf seine Naturräume ausgesprochen **abwechslungsreich.** Wichtige Landschaften sind das flache Thüringer Becken im Zentrum, der bergige Thüringer Wald und das liebliche Tal der Saale samt ihrer Zuflüsse.

Der **Name** des Freistaats geht auf die mindestens ab der Spätantike im 5. und 6. Jh. verwendete lateinische Bezeichnung für den **westgermanischen Stamm der Thuringi** zurück. Obwohl deren Herrschaftsgebiet in der Folge in verschiedene Machtbereiche zerfiel, wurde 1920 darauf zurückgegriffen, als sich mehrere Kleinstaaten zum Land Thüringen zusammenschlossen. Wurde im NS-Staat auch ein Gau so benannt, verschwand Thüringen in der DDR ab 1952 zunächst von der Landkarte. Mit der Wiedervereinigung war das Land wieder da, hauptsächlich auf dem Gebiet der früheren DDR-Bezirke Erfurt, Gera und Suhl.

Das Bundesland weist **keine Metropolen** auf, wenngleich Jena 42 und das Altenburger Land um die gleichnamige Stadt 59 als Ausläufer der Metropolregion Mitteldeutschland angesehen werden. Erfurt 17, Jena und Gera 53 können allerdings als **Regiopolen** mit erheblichem Einfluss auf ihr Umland betrachtet werden.

Vorseite: „Ihr naht euch wieder, schwankende Gestalten!" Der Dichter des „Faust" grüßt am Zugang zur Goethepassage in Ilmenau 69.

Ökonomisch gesehen zerfällt das Bundesland, vereinfacht gesagt, in zwei Teile. Entlang der Thüringer Städtekette (s. S. 12) sind durchaus größere Unternehmen zu finden – etwa Opel in Eisenach 62 oder Carl Zeiss in Jena. Demgegenüber stehen die Landstriche nördlich und südlich davon, deren Wirtschaft kleinteiliger ist und die mit den Folgen der Wiedervereinigung zu kämpfen haben.

Mit dem Aufkommen der **Nationalbewegung** im 19. Jh. ist Thüringen regelmäßig zum Austragungsort ideologischer Auseinandersetzungen geworden, in erster Linie deshalb, weil etwa die Eisenacher Wartburg 66, die Reichsburg Kyffhausen 4 oder das „Klassische Weimar" als Anknüpfungspunkte für eine deutsche Identität betrachtet wurden.

Tatsächlich ist das Bundesland mit **Kulturstätten** gesegnet, wobei Weimar 28 mit seinen Denkmälern des **UNESCO-Welterbes** heraussticht. Die strukturelle Zersplitterung hat allerdings dazu geführt, dass auch Reiseziele, die heute etwas abseits des Weges liegen mögen, zahlreiche Sehenswürdigkeiten zu bieten haben – benötigte doch jeder Fürst einst ein eigenes Schloss, ein Hoftheater etc. Der Schwerpunkt liegt so sicherlich auf der Weimarer Klassik – aber Thüringen hat auch Moderne zu bieten, zuvorderst natürlich mit dem **Bauhaus** (s. S. 56).

Einen Thüringer Dialekt schlechthin gibt es nicht, unterschieden werden neun regional auftretende **Mundarten.** Grob abgrenzen lässt sich der Zungenschlag, der in Richtung Sachsen tendiert, vom Einfluss des Fränkischen. Der **Rennsteig** (s. S. 116) steckt dabei die Sprachräume ab.

Obwohl sich Thüringen zum Jubiläum 2017 als **„Kernland der Reforma-**

tion" präsentierte, bekennt sich nur eine Minderheit zum Protestantismus. Die Einwohner sind größtenteils **konfessionslos** – ein Erbe des Sozialismus, da der Einfluss der Kirchen in der DDR aktiv eingeschränkt wurde.

Nordthüringen

Zwei Mittelgebirge sind für Nordthüringen von besonderer Bedeutung: Bei Nordhausen 1 ist man bereits im Vorland des **Harzes** und das sagenumwobene **Kyffhäusergebirge** hält mit der ehemaligen Reichsburg 4 sowie der Barbarossahöhle 5 beliebte Sehenswürdigkeiten bereit. Im Mittelalter waren **Nordhausen und Mühlhausen** 7 mächtige **Reichsstädte.** In Letzterer wirkte mit **Thomas Müntzer** (s. S. 30) einer der wichtigsten Protagonisten der Reformation. Müntzer führte die Aufständischen im Deutschen Bauernkrieg in die Entscheidungsschlacht bei **Bad Frankenhausen,** ein Gemetzel, an das heute das **Panorama Museum** 6 erinnert.

Thüringer Kernland

Unstrut, Urwald, uralt: Thüringens Mitte wird vor allem von der flachen Landschaft der **Unstrut,** eines Nebenflusses der Saale, vom **Höhenrücken Hainich** 10, auf dem sich der einzige **Nationalpark** des Bundeslands befindet, und **geschichtsträchtigen Städten** geprägt. Dazu zählen **Gotha** 11, das sich einst als naturwissenschaftliches Gegenstück zu Weimar 28 einen Namen machte, die **Landeshauptstadt Erfurt** 17, **Arnstadt** 15, der älteste Ort Thüringens, und na-

013mt-db

Die farbenfrohe Peterskirche in der Zitadelle Petersberg 26 in Erfurt 17

Steckbrief Thüringen

- **Gegründet:** 1. Mai 1920, Wiedergründung 3. Oktober 1990
- **Landeshauptstadt:** Erfurt 17
- **Einwohner:** ca. 2.108.900 (Stand: Ende 2021)
- **Fläche:** 16.202,33 km²
- **Struktur:** 17 Landkreise, 5 kreisfreie Städte, 631 Gemeinden
- **Religion:** 20 % evangelisch, 7,5 % katholisch und 72,5 % konfessionslos bzw. Angehörige anderer Glaubensgemeinschaften
- **Nachbarn:** Bayern, Hessen, Niedersachsen, Sachsen, Sachsen-Anhalt
- **Höchster Punkt:** Großer Beerberg (982,9 m) bei Suhl 71
- **Tiefster Punkt:** Unstrutflutgraben zwischen Wiehe und Roßleben (114 m)
- **Größtes Standgewässer:** Bleichloch-Talsperre (920 ha)
- **Längstes Fließgewässer:** Saale (196,3 km in Thüringen)
- **Wasserstraßen:** 0

türlich **Weimar**, die Stadt der Klassiker. Das Thüringer Kernland ist eine der ökonomisch stärksten und dynamischsten Regionen im Osten. Ausschlaggebend hierfür ist auch die **zentrale Lage:** Ob kreuz oder quer, viele wichtige Verkehrsadern wie die Autobahnen A4 und A9 führen durch diesen Landstrich.

Saaleland

„An der Saale hellem Strande …“: Der Flusslauf hat von Wasserfreuden am **Thüringer Meer** 52 über die Tropfsteinwelt der **Saalfelder Feengrotten** 51 und die kulturellen Höhepunkte der einstigen Residenz **Rudolstadt** 48 bis zum großstädtischen Flair der Universitätsstadt **Jena** 42 vielfältige Erlebnisse zu bieten. Daneben gibt es etliche **Burgen und Schlösser** wie die Leuchtenburg 47 zu entdecken. Hinzu kommen Handwerk in traditionsreichen **Porzellanmanufakturen** (s. S. 79 und S. 127) und Handlese im **nördlichsten Weinanbaugebiet Deutschlands** (s. S. 124).

012mt-db

KURZ & KNAPP

Thüringer Städtekette

Als Thüringer Städtekette bezeichnet man gemeinhin die **sechs größeren Städte** Eisenach 62, Gotha 11, Erfurt 17, Weimar 28, Jena 42 und Gera 53, die sich wie an einer Perlenschnur **entlang der A4** aneinanderreihen. Es gibt auch einen reizvollen **Radweg** (s. S. 115), der dieser Route folgt.

Ostthüringen

Der Osten hat allerhand Trümpfe auf der Hand. Das Resultat der einstmals kleinteiligen Machtstrukturen im Lande (s. S. 129) wird auf der von Schlössern und Burgen gesäumten **Reußischen Fürstenstraße** besonders deutlich, wobei vor allem **Gera** 53 und **Greiz** 58 lohnenswerte Ziele darstellen. Beide Städte zählen bereits zum länderübergreifenden **Vogtland**, wie auch die Region um **Altenburg** 59, das **Osterland**, schon nach Sachsen hinüberreicht.

Thüringer Wald

Das Mittelgebirge, auf dessen Kamm der bekannte Fernwanderweg **Rennsteig** (s. S. 116) verläuft, erstreckt sich von der Luther- und Bachstadt **Eisenach** 62 im Nordwesten bis Neustadt am Rennsteig [D7] im Südosten. Dort schließt sich das naturräumlich eigenständige **Thüringer Schiefergebirge** an, das gemeinhin aber oft dem Thüringer Wald zugeschlagen wird.

Löwenfigur auf dem Giebel des Palas der Eisenacher Wartburg 66

Alte und neue Stadtdominante Jenas: Pulverturm und JenTower 44

Der Gebirgszug gilt in Gänze als **Naturpark**, das **Biosphärenreservat**, das sich zwischen der Goethe- und Universitätsstadt **Ilmenau** 69, Großbreitenbach, Schleusingen und der historischen Waffenschmiedestadt **Suhl** 71 erstreckt, steht unter besonderem Schutz. Doch nicht nur Naturfreunde, auch **Aktivurlauber** kommen auf ihre Kosten, sei es nun beim Wandern (s. S. 115), Klettern oder Wintersport (beide s. S. 118), etwa in **Oberhof** 68 und dessen Umgebung.

009mt-db

Südthüringen

Obgleich viele Thüringen-Urlauber den Fokus auf den Thüringer Wald und seine unmittelbare Umgebung legen, sollte man den Süden nicht außen vor lassen. Die wichtigsten Ziele für Städtereisende sind mit **Schmalkalden** 74 oder **Meiningen** 76 beim **Werratal** zu finden, wobei die kulturhistorische Zugehörigkeit zur länderübergreifenden Region **Franken** offensichtlich ist. Auch geologisch gesehen gibt es mit der **Rhön** eine Verbindung nach Bayern und Hessen. Das **UNESCO-Biosphärenreservat** weiß auch nachts zu gefallen, ist es doch als Internationaler **Sternenpark** anerkannt (s. Unterkunftstipp Landhotel Zur Grünen Kutte auf S. 15).

Meine Literaturtipps

- Apitz, Bruno: **„Nackt unter Wölfen“**, Aufbau. Apitz, selbst in mehreren KZs inhaftiert, legte mit dem Roman über das Buchenwald-Kind Stefan Jerzy Zweig eines der meistverkauften Bücher der DDR vor.
- Naumann, Kati: **„Wo wir Kinder waren“** und **„Was uns erinnern lässt“**, HarperCollins. Eine Sonneberger Spielzeugfabrik (s. S. 127) steht im Mittelpunkt des Romans „Wo wir Kinder waren“, der gleichzeitig die Geschichte der Region von der Kaiserzeit bis zur Wiedervereinigung vermittelt. „Was uns erinnern lässt“ wiederum erzählt anhand eines Hotels in der Sperrzone des Thüringer Walds von der deutsch-deutschen Geschichte.
- Scherzer, Landolf: **„Der Erste“**, **„Der Zweite“** und **„Der Letzte“**, Aufbau. In seiner Reportage über den ersten SED-Kreissekretär von Bad Salzungen 73 gewährte Scherzer 1988 sensationelle Einblicke in den Parteiapparat. Es folgten Bände über die Nachwendezeit und zur Wahl des Thüringer Landtags 1999.
- Schulze, Ingo: **„Simple Storys“**, dtv. Der „Roman aus der ostdeutschen Provinz“ erzählt in „einfachen Geschichten“ von der Zeit zwischen Mauerfall und Wiedervereinigung in Altenburg 59.

Unterkunft finden

Die besten Standorte

Die besten Voraussetzungen für die Erkundung der Region bieten Unterkünfte entlang der **Thüringer Städtekette** (s. S. 12), allen voran das zentral gelegene **Erfurt** 17. Ein Großteil der hier aufgeführten Sehenswürdigkeiten ist von dort gut und schnell zu erreichen, auch Abstecher in die Natur, etwa in den Nationalpark Hainich 10, sind problemlos möglich. Wer es beschaulicher mag, weicht nach **Weimar** 28 aus, wer es dynamischer will, checkt in **Jena** 42 ein. Von **Nordhausen** 1 aus kann man sich den Norden Thüringens erschließen. Für den Osten bietet sich **Gera** 53 als Basis an. Und im Südwesten ist **Meiningen** 76 ein guter Ausgangspunkt.

Für **Wanderurlaub** sollte man nach Quartieren im **Thüringer Wald** (s. S. 90) Ausschau halten. Um in puncto **Wintersport** auf seinen Kosten zu kommen, bieten sich die Gemeinden am **Rennsteig** (s. S. 116) an. Ein **Badeurlaub** ist mangels Küste nur mit Abstrichen möglich, allerdings ist das **Thüringer Meer** 52 mit dem Bleiloch- und dem Hohenwarte-Stausee mehr als nur Ersatz.

Anerkannte Kurorte erheben eine **Kurtaxe**, größere Städte eine **Touristenabgabe** (s. S. 135).

Die besondere Unterkunft

1 Airstream Hotel €€, Christian-Eckardt-Str. 5, Kahla, Tel. 0173 3717473, www.airstream-hotel.eu. **Americana südlich von Jena** 42: In den Sommermonaten bilden fünf amerikanische Trailer auf diesem Werkstatthof eine gemütliche Wagenburg. Gemeinschaftsdusche und -WC. Ohne Frühstück.

2 Butze €, Im Spring 1, Fischbach, Tel. 0151 59426753, www.sommertal.info/butze. **Nachtlager in der Natur:** Eine Art Jägerhochsitz zum Übernachten, der Freigeister jubeln lassen wird. Ausgestattet nur mit dem Nötigsten, Matratze plus Bettzeug, Grillplatz und separatem Sanitärraum. Ohne Frühstück.

3 [S. 54] **Familienhotel Weimar** €€, Seifengasse 8, Weimar, Tel. 03643 4579888, www.familienhotel-weimar.de. **Ferienwohnungen im Holzhotel:** Ökologisch verträglicher Unterschlupf neben Goethes Wohnhaus 33. Komplett aus Holz und Lehm erbaut und doch stilvoll und modern. Ohne Frühstück, aber mit hauseigenem Restaurant.

4 Feriendorf Auenland €€€, Zum Burgberg 1, Eisfeld, Tel. 03686 618900, www.feriendorf-auenland.de. **Mittelerde in Mitteldeutschland:** Acht Erdhäuser laden ein, sich einmal wie ein echter Hobbit zu fühlen. Auch „Hexenhäuser" stehen zur Wahl. Mit Restaurant und Sommerrodelbahn.

5 Her(r)bergskirche €, Rennsteigstr. 49, Großbreitenbach, Tel. 036781 41911, www.herrbergskirchen.org. **Obdach mit besonderem Beistand:** Die Idee, in der Michaeliskirche eine Schlafnische einzurichten, hat derart viel Anklang gefunden, dass das Konzept mittlerweile in Tambach-Dietharz und Spechtsbrunn kopiert wurde. Ohne Frühstück.

6 Historische Ölmühle Eberstedt €€, Dorfstr. 28, Eberstedt, Tel. 036461 87463, www.oelmuehle-eberstedt.com. **Nah am Wasser im Weimarer Land:** Als hätte die historische Ölmühle mit Hotel, Restaurant, Hofladen, Tierpark, Konditorei und Weinkeller nicht schon genug zu bieten, kann man auch noch in sechs schwimmenden Hütten übernachten.

7 Jugendherberge Urwald-Life-Camp €, Harsbergstr. 4, Lauterbach, Tel. 036924 47865, www.jugendherberge.de/jugendherbergen/lauterbachthuer-690. **Herberge im Welterbe:** Das Camp am Nationalpark Hainich (10) bietet u. a. Übernachtungen im Baumhaus oder Tipi an.

8 Kleinbahnpension Kirchheiligen €, Bahnhofstr. 184D, Kirchheilingen, Tel. 036043 72041, www.kleinbahnpension.de. **Großer Bahnhof fürs Befinden:** Der Personenverkehr auf der Strecke nach Kirchheiligen wurde 1969 eingestellt, auf dem ehemaligen Bahnhofsgelände warten heute zwei Schlafwagen mit Platz für 4 Pers. auf Reisende. Mit Bad und Küchennische.

9 [S. 144] **Krämerhaus Suiten** €€€, Krämerbrücke 14, Erfurt, Tel. 036200 8999512, www.kraemerhaus.de. **Wohnen im Erfurter Wahrzeichen, der Krämerbrücke** (19): Zentral? Einzigartig? Stilvoll? Über diese Brücke musst Du gehen!

10 Landhotel Zur Grünen Kutte €€€, Bernshausen 9, Dermbach, Tel. 036964 82346, www.gruene-kutte.de. **Galaktisches Glamping:** „National Geographic" zählt die Rhön aufgrund der geringen Lichtverschmutzung zu den besten Sternbeobachtungsorten weltweit. Da trifft es sich gut, dass dieses Hotel einen Bauwagen zum Ferienapartment mit Glasdach umgebaut hat.

11 TreibHouse €€€€, Kloster, Saalburg-Ebersdorf, www.treibhouse.eu. **Ferienhaus fern des Trubels:** Mit dem persönlichen Elektroboot zur Hausboot-Insel auf dem Bleiloch-Stausee (52) übersetzen. Komfortabel ausgestattet, mit Sonnendeck und Kamin. Schwimmfähigkeit vorausgesetzt. Ohne Frühstück.

12 Wasserturm Großheringen €€€, Sulzaer Str. 3, Großheringen, Tel. 0177 6341139, https://wasserturm-groheringen.business.site. **Blaumachen bei Bad Sulza:** Am Ilm- bzw. Saaleradweg lädt ein umgebauter Wasserturm dazu ein, hier Station zu machen. Ohne Frühstück.

Wie die Region am besten erkunden?

Angesichts der Kleinstaaterei (s. S. 129) gestaltete sich der Ausbau des Schienennetzes in der Region historisch gesehen zunächst schwierig. Da Preußen jedoch an einer Transportmöglichkeit von Berlin aus in den Westen gelegen war, entstand die **Thüringer Bahn**, von der die Thüringer Städtekette (s. S. 12) bis heute profitiert, da die Strecke einen Abschnitt der Verbindung zwischen Frankfurt am Main und Dresden darstellt. **Hauptknotenpunkt** des Landes

Kamin- neben Fernrohr: der Sternenwagen des Landhotels Zur Grünen Kutte

094mt©Landhotel Zur Grünen Kutte

ist **Erfurt** 17, das sich zusätzlich auf der Nord-Süd-Route von Berlin nach München befindet. Darbte die Region als Grenzgebiet während der deutschen Teilung in verkehrstechnischer Hinsicht, ist sie aufgrund der Mittellage im wiedervereinigten Deutschland mittlerweile gut angebunden.

Zahlreiche Mobilitätsdienstleister haben sich zum **Verkehrsverbund Mittelthüringen (VMT)** zusammengeschlossen, wodurch u.a. in Erfurt, Weimar 28, Jena 42 und Gera 53 ein einheitlicher Tarif existiert. 15 weitere ÖPNV-Unternehmen sind im Verein **Bus & Bahn Thüringen** organisiert. Der Kyffhäuserkreis wird von der **Verkehrsgesellschaft Südharz** bedient. Im Altenburger Land gelten die Tarife des **Mitteldeutschen Verkehrsverbunds.** Gera, Greiz 58 und Umgebung gehören zum **Verkehrsverbund Vogtland** sowie zu **EgroNet,** einem grenzüberschreitenden Nahverkehrssystem der Vierländerregion Sachsen, Thüringen, Bayern und Böhmen. Der Wartburgkreis kann mit der **Verkehrsgemeinschaft Wartburgregion** bereist werden.

015mt-db

- **Verkehrsverbund Mittelthüringen,** www.vmt-thueringen.de, App VMT (kostenlos für Android und iOS)
- **Bus & Bahn Thüringen e.V.,** www.bus-bahn-thueringen.de
- **Verkehrsgesellschaft Südharz,** www.vgs-suedharzlinie.de, App INSA (kostenlos für Android und iOS)
- **Mitteldeutscher Verkehrsverbund,** www.mdv.de, App MOOVME (kostenlos für Android und iOS)
- **Verkehrsverbund Vogtland,** www.vogtlandauskunft.de, App VVV mobil (kostenlos für Android und iOS)
- **EgroNet,** www.egronet.de
- **Verkehrsgemeinschaft Wartburgregion,** www.vg-wartburgregion.de

Die Deutsche Bahn bietet mehrere **Regionalfahrkarten** an, mit denen sich die Region günstig erkunden lässt: das Thüringen-Ticket, das Regio120-Ticket, das Hopper-Ticket, das VMT-Hopper-Ticket und das Gut-Unterwegs-Ticket.

Besonders reizvolle Ausflüge unternimmt man mit der **Thüringer Bergbahn** 70 und der **Harzquerbahn** (s.S.20).

Thüringen ist das einzige Bundesland, in dem es **keine offiziellen Wasserstraßen** gibt. Wasserverkehr abseits touristischer Vergnügungen findet lediglich auf dem **Hohenwarte-Stausee** [F–G7] statt, auf dem die einzige **Autofähre** des Bundeslandes verkehrt, die **Mühlenfähre** (s.S.82).

Perfekt lässt sich das von **Wanderrouten** durchzogene Thüringen ferner auf Schusters Rappen erkunden (s.S.115), auch **Radfahrer** finden hier viele interessante Strecken vor (s.S.113).

◁ *Per Zug durch den Wald – in diesem Fall als Fassadenbild in Arnstadt* 15

THÜRINGEN ENTDECKEN

016mt©Thüringer Bergbahn, Paul Hentschel Photography

Nordthüringen

Vom **Harz** und dem **Kyffhäuser** geht es hinab zu Schauplätzen der Reformation in Bad Frankenhausen [E3] und Mühlhausen 7. Doch eine Region blieb altgläubig: Der äußerste Nordwesten Thüringens gehörte über Jahrhunderte hinweg zum Erzstift Mainz und ist bis heute im Gegensatz zur Umgebung päpstlich gesinnt, weshalb das **Eichsfeld** [A–B3] auch schon als „das katholische Gallien der DDR" (DLF) bezeichnet wurde.

1 Nordhausen ★★ [D2]

Wer von Thüringen aus den Harz erkunden möchte, kommt an Nordhausen nicht vorbei. Die Stadt kann auf eine über tausend Jahre währende Geschichte zurückblicken und ist Dreh- und Angelpunkt im Norden der Region.

Vorseite: Cabrio mit Aussicht – die Thüringer Bergbahn 10

Die **historische Sonderstellung** Nordhausens lässt sich bis ins Mittelalter zurückverfolgen, war es doch ab 1220 neben Mühlhausen 7 eine der beiden freien Reichsstädte auf dem Gebiet Thüringens. Symbol dieser Unabhängigkeit ist der **Nordhäuser Roland**, eine Ritterstatue, deren Kopie am **Alten Rathaus** zu sehen ist.

„Und da packte er auf der Stelle auf und ließ die Hölle Hölle sein, und ging nach Nordhausen und wurde ein Schnapsbrenner." Glaubt man dem Dichter **Ludwig Bechstein**, soll der Teufel persönlich den Bürgern die Herstellungsweise von Hochprozentigem eingeflüstert haben. Die reichhaltigen Roggenfelder der nahen Goldenen Aue mögen aber auch einen Anteil gehabt haben.

Zu den Genussmitteln – die Stadt stieg im 19. Jh. zudem zu einem **Kautabakstandort** auf (s. Museum Tabakspeicher auf S. 20) – gesellte sich mit der Industrialisierung der **Maschinenbau:** Für den in der Region praktizierten Kali- und Gipsabbau wurde schweres Gerät benötigt. Das technische Know-how wurde im Dritten Reich bei der Fertigung von Rüstungsgütern eingesetzt, schließlich wurden unter Einsatz von Zwangsarbeitern im **KZ Mittelbau-Dora** (heute Gedenkstätte 2) die „Vergeltungswaffen" der Nazis zusammengesetzt.

Wurde die Stadt aufgrund des allgegenwärtigen Fachwerks einst als **„Perle des Harzvorlandes"** gepriesen, waren zum Ende des Zweiten Weltkriegs zwei Drittel der Gebäude zerstört – keine andere Gemeinde in Thüringen wurde stärker getroffen. Nichtsdestotrotz blieb Nordhausen

017mt-db

Kopie des Nordhäuser Rolands am Alten Rathaus

zu DDR-Zeiten eines der industriellen Zentren, allerdings überstand kaum ein Großbetrieb die Wiedervereinigung, was einen **Bevölkerungsschwund** bis in die Gegenwart zur Folge hat. Doch die wechselvolle Vergangenheit und nicht zuletzt die Lage auf der **Sonnenseite des Harzes** – hier kann man etwa in die **Harzquerbahn** (s. S. 20) einsteigen – sprechen nach wie vor für eine Stippvisite in Nordhausen. Zu beachten ist dabei, dass sich die Altstadt über mehrere Ebenen einer Anhöhe erstreckt, die durch **Treppen** verbunden sind. Orientierung bietet stets der **Petriturm**, ebenso markant ist der **Dom zum Heiligen Kreuz**, neben St. Marien 25 in Erfurt 17 die zweite Domkirche Thüringens.

› www.nordhausen.de

2 Gedenkstätte KZ Mittelbau-Dora [D2]

Der „totale Krieg" bedeutete auch in Thüringen für Zehntausende Menschen, in Zwangsarbeit unter unmenschlichen Bedingungen den Tod zu finden.

Am 3. Oktober 1942 erreichte erstmals eine menschengemachte Rakete den Weltraum. Der war allerdings gar nicht das Ziel, sondern vielmehr größtmögliche Zerstörung auf der Erde. Das **Aggregat 4** – die NS-Propaganda sprach von der **„Vergeltungswaffe 2"** – war in der Heeresanstalt Peenemünde entwickelt worden und ging nach erfolgreichen Tests in Serienfertigung. Lange konnte sie auf Usedom allerdings nicht hergestellt werden, denn die V2 ließ die Insel zum Ziel britischer Bomber werden.

Daraufhin suchte die Wehrmacht nach einem weniger luftgefährdeten Standort und kam auf ein Stollensystem im Kohnstein bei Nordhausen. Nur zehn Tage nach der Zerstörung Peenemündes wurden Häftlinge ins **Arbeitslager „Dora"** gesperrt, das als **Außenlager des KZ Buchenwald** (heute Gedenkstätte 39) geführt wurde. Bald waren mehr als 10.000 Menschen in die Errichtung einer unterirdischen Raketenfabrik eingespannt, die von der Mittelwerk GmbH betrieben wurde. Da dem Bau von Baracken oder Sanitäranlagen keine Priorität eingeräumt wurde, waren die Zwangsarbeiter in Schlafstollen eingepfercht.

Erst als die Montage der Raketen angelaufen war, wurde ein **oberirdisches Lager** angelegt. Häftlinge, die von der anspruchsvollen Arbeit ausgezehrt waren, wurden durch neue Gefangene ersetzt. Bald war Dora über die üblichen Dimensionen eines Außenlagers hinausgewachsen, sodass weitere Standorte eingerichtet wurden. Insgesamt wurden ca. 60.000 Menschen in den Mittelbau-Lagern festgehalten, von denen etwa ein Drittel dort starb.

Unmittelbar nach dem Krieg wurde das Lager zum **DP-Camp** (Lager für *Displaced Persons*) bzw. später zum **sowjetischen Repatriierungslager** umfunktioniert. Etwa 14.000 Menschen kehrten über die Station Dora in ihre Heimat zurück. Dann kamen Tausende deutsche Vertriebene, die nach Nordthüringen „umgesiedelt" wurden.

Bereits 1952 waren die Gebäude größtenteils abgetragen und die Stollen gesprengt. Ein Teil der SS-Angehörigen und Kapos war zu diesem Zeitpunkt bereits vor Gericht gestellt worden. Die Manager und Ingenieure kamen hingegen überwiegend ungeschoren davon – Amerikaner und Sowjets hatten sich um die Raketenbauexperten gerissen, darunter etwa Wernher von Braun.

Ab 1964 wurde die Vergangenheit des Ortes aufgearbeitet, wobei Mittelbau-Dora zu DDR-Zeiten hinter den „nationalen Mahn- und Gedenkstätten“ Buchenwald, Sachsenhausen und Ravensbrück zurückstand. Nach der Wiedervereinigung wurde ein **Museumsgebäude** errichtet, dessen **Dauerausstellung** den Ort als beispielhaft für die KZ-Zwangsarbeit zeigt. Außerdem wurde der **Fertigungsstollen** freigelegt.

› Kohnsteinweg 20, Tel. 03631 495820, www.dora.de, Okt.-Feb. Di.-So. 10-16, März-Sept. Di.-So. 10-18 Uhr, Eintritt frei

Weitere Attraktionen

13 Flohburg – Das Nordhausen-Museum, Barfüßerstr. 6, Tel. 03631 4725680, https://flohburg.nordhausen.de, Di.-So. 10-17 Uhr, Eintritt: 5 €, erm. 3 €, bis 14 Jahre frei. Reise durch die Stadtgeschichte in einem der ältesten Fachwerkhäuser Nordhausens.

› **Harzquerbahn:** Die Nord-Süd-Linie der Harzer Schmalspurbahnen ist für einen Ausflug ins Mittelgebirge bestens geeignet. Infos: www.hsb-wr.de.

Kein Hexenwerk: die Harzquerbahn fährt bis zum Brocken

14 Kunsthaus Meyenburg, Alexander-Puschkin-Str. 31, Tel. 03631 881091, www.kunsthaus.nordhausen.de, Di.-So. 10-17 Uhr, Eintritt: 5 €, erm. 3 €, bis 14 Jahre frei. Werke verschiedener Künstler in einer mit historischem Mobiliar ausgestatteten Jugendstilvilla.

15 Museum Tabakspeicher, Bäckerstr. 20, Tel. 03631 982737, www.nordhausen.de/kultur/museen, Di.-So. 10-17 Uhr, Eintritt: 5 €, erm. 3 €, bis 14 Jahre frei. Handwerks- und Industriegeschichte im 1712 erbauten Tabakschoner.

Infos und Reisetipps

› **www.nordhausen-wiki.de:** Lexikon für die Stadt und den Südharz

› **Nordhausen erlebt:** Veranstaltungsapp für Stadt und Umgebung (kostenlos für Android und iOS)

Essen und Trinken

16 Café Sahne, Kranichstr. 20, Tel. 03631 4791897, Mi.-Mo. 13-18 Uhr. In dem Café werden selbst gebackene Kuchen und Torten kredenzt.

17 Felix €€€, Barfüßerstr. 12, Tel. 03631 602200, www.felix-nordhausen.de, Di.-Do. 16-24, Fr./Sa. 16-2, So. 12-21 Uhr. Ob im schönen Fachwerkhaus oder im großen Biergarten, hier findet man sein Glück.

018mt©Archiv HSB/Volker Schadach

Einkaufen

18 Echter Nordhäuser Traditionsbrennerei, Grimmelallee 11, www.traditionsbrennerei.de, Hofshop Di.–So. 10–16 Uhr. Aus einer kleinen, vor über 100 Jahren gegründeten Spirituosen-Manufaktur ging ein überregional bekannter Kornbrand hervor. Führungen (8 €, Kinder 1 €, bis 5 Jahre frei) Di.–So. 14 Uhr.

19 WeltladenCafé Nordhausen, Barfüßerstr. 32, www.weltladen-ndh.de, Mo.–Fr. 10–18 Uhr. Fair gehandelte Produkte, tägl. ab 12 Uhr Mittagstisch mit Gerichten aus aller Welt und Kuchen.

Unterhaltung

20 Theater Nordhausen, Käthe-Kollwitz-Str. 15, Tel. 03631 62600, www.theater-nordhausen.de. Das Mehrspartenhaus ist die größte Kultureinrichtung Nordthüringens.

3 Schloss Sondershausen ★ [D3]

Die 1125 erstmals erwähnte Stadt fiel nach dem Thüringer Grafenkrieg an die Schwarzburger, die die **mittelalterliche Burg** zu einem repräsentativen Sitz umgestalten ließen. Fast 800 Jahre Baugeschichte zeitigten mehrere Stilepochen, die vom Schinkel-Schüler Scheppig vorgenommenen klassizistischen Eingriffe fallen am stärksten ins Gewicht. Die adligen Hinterlassenschaften werden in einem **Schlossmuseum** gezeigt, wobei v.a. Raumkunstwerke – darunter ein als „thüringisches Bernsteinzimmer" bezeichnetes Rokoko-Gemach – und die **Goldene Kutsche** von Bedeutung sind, eine *grand carrosse* Pariser Bauart, die ein historisch bedeutendes Gesamtkunstwerk ist, das auf die Verschwendungssucht im Barock verweist.

019mt©Nordbrand Nordhausen GmbH, Christoph Keil

25.000 Roggenkörner für eine Flasche Korn: Führung durch die Nordhäuser Brennerei

020mt-db

Der Herkulesbrunnen im Innenhof von Schloss Sondershausen

Sondershausen schmückt sich einerseits als **Stadt des Bergbaus** – die Zeche „Glückauf" ist das älteste noch befahrbare Kaliwerk der Welt –, andererseits wird auf die **Musiktradition** verwiesen, die insbesondere mit dem **Loh-Orchester** verbunden ist, der vormaligen Hofkapelle, die **Franz Liszt** einmal als „große[s] Wunder" bezeichnete, „eingesperrt in einer kleinen Stadt".

› Schloss 1, Sondershausen, Tel. 03632 622420, www.schlossmuseum-sondershausen.de, Di.–So. 10–17 Uhr, Eintritt: 7 €, erm. 4 €, bis 5 Jahre frei
› **Erlebnisbergwerk „Glückauf":** www.erlebnisbergwerk.com

4 Reichsburg mit Kyffhäuser-Denkmal ★★ [E2]

An der Spitze eines Ausläufers des Kyffhäusergebirges erhebt sich auf den Grundfesten einer mittelalterlichen Reichsburg das drittgrößte Denkmal Deutschlands.

Ein im 11. Jh. errichteter Vorgängerbau diente wohl in erster Linie dem Schutz der schwach bewehrten, benachbarten **Königspfalz Tilleda** (s. S. 23). Die Anlage wurde 1118 im Zuge der Eroberung durch Lothar III. zerstört, der Neuaufbau erst unter Friedrich I. abgeschlossen, wobei ein Aufenthalt des Kaisers nicht belegt ist. Bereits im Spätmittelalter büßte die militärisch aus der Zeit gefallene Reichsburg an Bedeutung ein. Die **Mittelburg** wurde zur Gewinnung von Mühlsteinen ausgeschlachtet, die **Unterburg** ist heute nur noch in ihren Grundzügen erkennbar. Beeindruckend ist v. a. der teilweise erhalten gebliebene **Bergfried der Oberburg.**

Die Verbindung zwischen Friedrich I. und dem Kyffhäuser etablierte sich spätestens im 16. Jh. In dieser Zeit machten sich etliche Hochstapler die Hoffnung auf eine Rückkehr des einstigen Regenten zunutze. Einer dieser „falschen Friedriche" war ein Mann, der 1546 von der Ruine aus herrschte. Dass es sich um einen Schneider aus Langensalza handelte, tat der Weiterverbreitung der **Sage**

vom im Berge schlafenden Kaiser (s. S. 24) jedoch keinen Abbruch.

Ab dem 19. Jh. wurde der Volksglaube im Sinne des aufziehenden **Nationalismus** instrumentalisiert. Vor der Deutschen Revolution fanden mehrere Burschenschaftstreffen auf dem Kyffhäuser statt, 1848 wehte hier die schwarz-rot-goldene Fahne. Der angestrebte Brückenschlag zwischen dem Deutschen Kaiserreich und dem Heiligen Römischen Reich wurde mit dem 1896 eingeweihten **Kyffhäuser-Denkmal** in Stein gemeißelt bzw. in Kupfer gegossen. Gewidmet ist es Kaiser **Wilhelm I.** Überlebensgroß ist der auch „Barbablanca" genannte Herrscher zu Pferde zu sehen, direkt unter ihm, am Rande einer Grotte, thront Barbarossa.

Im Dritten Reich wurden auf der Suche nach den „deutschen" Wurzeln auf dem Burggelände umfangreiche archäologische Grabungen durchgeführt. Gefunden wurde der alte **Burgbrunnen,** immerhin einer der tiefsten weltweit.

Die Vereinnahmung des Gebirgszuges für Volk und Vaterland reicht bis in die Gegenwart. „1990 einigen wir dieses Land durch die friedliche Revolution in der DDR. Genau nach 800 Jahren [Tod Barbarossas 1190]!", diktierte der Denkmalsleiter etwa dem DLF. „Kein Jahr früher, keins später. Also, das war kein Zufall!" Die rechtsextremistische AfD-interne Gruppierung „Der Flügel" veranstaltete 2015–2017 sog. Kyffhäusertreffen am Burghof.

Der wechselvolle Umgang mit dem Denkmal wird im **Burgmuseum** reflektiert. Im angeschlossenen **Bistro** kann man sich stärken. An die Kleinsten ist mit einem **Erlebnisspielplatz** und der **Entdeckertour** mit dem Detektivbüro „Barba & Rossa" auch gedacht.

› **Anfahrt:** Bus 494 bis Kyffhäuser, Denkmal (www.vgs-suedharzlinie.de)

› Kyffhäuser 1, Kyffhäuserland, Tel. 034651 2780, www.kyffhaeuser-denkmal.de, April–Okt. tägl. 9.30–18 Uhr, Nov.–März 10–17 Uhr, Eintritt: 9,50 €, erm. 5,50 €, Kinder bis 6 Jahre frei

› **Führung:** 45 Min., 30 €, Anmeldung über die Website

M 21 Freilichtmuseum Königspfalz Tilleda, Ernst-Thälmann-Str. 4c, Kelbra, ca. 3 km nordöstlich des Kyffhäuser-Denkmals, Tel. 034651 2923, www.pfalz-tilleda.de, März/Nov. tägl. 10–16, April–Okt. tägl. 10–18 Uhr, Eintritt: 5 €, erm. 3 €, bis 6 Jahre frei

021mt-db

Blick auf Reichsburg und Kyffhäuser-Denkmal im Harzvorland

Schwergewicht: Das Standbild von „Weißbart" Wilhelm I. wiegt ganze 17 t

Der falsche Friedrich im Kyffhäuser

Im Trifels oder im Untersberg – man kann sich komfortablere Ruhestätten vorstellen, gerade für betagte Herrscher. Und doch glaubten früher viele Menschen, dass sich Würdenträger wie etwa Karl der Große mit dem Tod nicht auf die letzte Reise gemacht, sondern sich zu einem geheimen Unterschlupf begeben hätten – natürlich um eines Tages das Volk vom Leid zu erlösen. Das Motiv der Bergentrückung kommt in den Mythologien mehrerer europäischer Kulturen vor.

Ab dem Spätmittelalter fokussierte sich der Volksglaube auf die Machthaber des Heiligen Römischen Reiches. Als Friedenskaiser sollten sie zurückkehren, Macht und Christentum über alle Lande ausbreiten und das Ende auf Erden bis hin zum Jüngsten Gericht einleiten.

Friedrich I. (1122–1190) war 1152 zum römisch-deutschen König gewählt worden. Im Vertrag von Konstanz sicherte er Papst Eugen III. seine Unterstützung gegen das byzantinische Reich, die aufständischen Römer und die unteritalienischen Normannen zu. Auf seinem ersten Italienzug schlug er die Proteste in der Lombardei nieder, kurz darauf wurde er, wie vereinbart, 1155 im Petersdom zum Kaiser gekrönt. Wegen seines feurigen Bartwuchses wurde er **Barbarossa** genannt.

Der dritte Kreuzzug brachte ihn an das Ufer des Saleph (heute der Göksu im Südosten der Türkei). Dort ertrank der Kaiser beim Baden. Dass die Umstände des Todes ebenso wie die Grablege im Unklaren blieben, begünstigte wohl die Legendenbildung.

Bereits von seinen Zeitgenossen wurde Friedrich I. zum Idealbild des kampfstarken Heldenritters verklärt und als Erneuerer des Reiches beschrieben. Doch sind sich Historiker heute einig: Barbarossa gelang es weder Welfen und Staufer – die maßgeblichen deutschen Dynastien jener Zeit – zu einen noch die Spannungen in Italien auszuräumen. Seine Feldzüge wurden von mittelalterlichen Historikern mit dem wenig schmeichelhaften Begriff „furor teutonicus“ beschrieben.

Und doch bot er sich für die Nationalbewegung in deutschen Landen als Symbolfigur an. **Friedrich II.** (1194–1250), Barbarossas Enkel, hat sich zwar

022mt-db

auch einen Namen gemacht – „stupor mundi“ („das Erstaunen der Welt“) wurde er genannt – und war bis nach Jerusalem vorgedrungen, hatte sich jedoch den überwiegenden Teil seiner Amtszeit in Italien aufgehalten und war damit als Repräsentant eines deutschen Staates wenig geeignet. Die Legende, wonach sich Friedrich II., der 1250 auf Sizilien gestorben war, im Kyffhäuser versteckt hielt, wurde so nach und nach auf „Rotbart“ umgemünzt.

Und so soll er in einer Höhle des Kyffhäusers schlafen, sein Haupt gebettet auf einen Marmortisch, um den sich sein Bart windet. Alle hundert Jahre erwacht er und schickt einen Knaben hinaus, um zu schauen, ob die beiden Raben noch um den Gipfel kreisen. Dann schläft er weitere 100 Jahre.

Popularisiert wurde Barbarossas Bergentrückung im 19. Jh. durch die Aufnahme in den Band „Deutsche Sagen“ der Brüder Grimm sowie durch ein Gedicht Friedrich Rückerts. „Er hat hinabgenommen“, heißt es dort, „des Reiches Herrlichkeit,/Und wird einst wiederkommen,/Mit ihr zu seiner Zeit.“

Über die weit verbreitete Sehnsucht nach dem starken Mann mokierte sich besonders Heinrich Heine in seinem Versepos „Deutschland. Ein Wintermärchen“. Dort „watschelt“ Barbarossa durch die Säle und staubt Rüstungen mit einem Pfauenwedel ab. Seinen Soldaten zahlt er einen Lohn von einer Dukate je Jahrhundert. Seinem deutschen Volk will er zu Hilfe eilen, aber es mangele an Pferden – worauf das lyrische Ich vorschlägt, doch auf Esel umzusatteln. Heine schließt mit den Worten: „Herr Rotbart – rief ich laut – du bist/Ein altes Fabelwesen,/Geh, leg dich schlafen, wir werden uns/Auch ohne dich erlösen.“

5 Barbarossahöhle ★ [E3]

Zwei begehbare Höhlen im Gipskarst gibt es auf der Welt, eine davon im Kyffhäuser. Sie wurde seit dem Zeitpunkt ihrer Entdeckung clever vermarktet.

Bereits seit dem Spätmittelalter war in der Region **Kupferschiefer** abgebaut worden, ab 1860 ließ ein Unternehmer zwischen Steinthaleben und Bad Frankenhausen einen weiteren Stollen in die Erde treiben. Im Dezember 1865 wurde in einem Schreiben an das Hochfürstliche Bergamt in Könitz gemeldet, dass „am 20. des Monats ein großer hohler Raum – eine Schlotte – angefahren“ worden sei.

Die weiteren entdeckten Hohlräume waren nicht nur allein ob ihrer Größe beeindruckend, es gab auch **unterirdische Seen**, die eigentümlich grün leuchteten. Das lag am hohen Gipsgehalt im Wasser. An der Decke zeigte sich ein weiteres Naturschauspiel: Hier war das **Anhydritgestein** aufgrund der Feuchtigkeit zu Gips aufgequollen und hing in Lappen herab.

Bereits 1866 wurde das Bergwerk zur **Schauhöhle** umgewidmet. Tatsächlich hatte man schon länger mit der Existenz einer Höhle in der Nähe des Kyffhäusergebirges gerechnet. Denn der Sage zufolge sollte sich doch Barbarossa in eine solche zurückgezogen haben (s. Exkurs links)! So war der Name der Höhle schnell beschlossene Sache und flugs wurden einige Gesteinsblöcke zu **Tisch und Stuhl des Kaisers** arrangiert.

Ein **Besuch** der Barbarossahöhle empfiehlt sich schon aufgrund der außergewöhnlichen Geologie und ist im Rahmen von **Führungen** möglich. Auch im Sommer sollte man sich warm anziehen (konstante 9 °C) –

Barbarossa hat sich doch ein reichlich kühles Versteck ausgesucht.

- **Anfahrt:** Bus 451 (Bad Frankenhausen – Bendeleben) bis Barbarossahöhle
- Mühlen 6, Kyffhäuserland, Tel. 034671 5450, www.barbarossahoehle.de, Führungen zur vollen Stunde April–Okt. tägl. 10–17, Nov.–März Di.–So. 10–15 Uhr, Eintritt: 9,50 €, erm. 8,50 €, Kinder 6 €, bis 3 Jahre frei

MEIN TIPP

Besuch bei „Bilzi"

Nashörner bei Sömmerda? 6 m große Elefanten? Russische Steppe? Als der *Homo erectus bilzingslebenensis* vor ca. 370.000 Jahren am Nordrand des Thüringer Beckens lebte, war er von einer anderen Welt umgeben, als wir sie heute kennen. In diesem Museum kann man sich ein Bild davon machen.

23 Ausgrabungsstätte Steinrinne Bilzingsleben, Frömmstedter Str., Tel. 01512 9201571, www.steinrinne-bilzingsleben.com, April–Okt. Di.–So. 10–17 Uhr, Nov.–März nach Voranmeldung, Eintritt: 7 €, erm. 3,50 €, bis 5 Jahre frei

6 Panorama Museum Bad Frankenhausen ★★★ [E3]

„Sixtina des Nordens" – kann man einem Kunstwerk eine größere Last aufbürden? Doch das Rundgemälde, das Werner Tübke an den Ort der letzten Schlacht des Deutschen Bauernkriegs setzte, hat sich den Vergleich nicht ohne Grund eingehandelt.

Anfang der 1970er-Jahre fasst die Regierung der DDR den Plan, bei Bad Frankenhausen eine **Gedenkstätte** für die „frühbürgerliche Revolution in Deutschland" zu errichten. Gemeint sind die **Bauernaufstände,** die sich im 16. Jh. in der Schweiz, in Süddeutschland und im Raum Thüringen erhoben.

Für die Darstellung kommt nur ein Künstler von internationalem Format in Betracht, einer wie der damalige Rektor der Hochschule für Grafik und Buchkunst **Werner Tübke** (1929–2004). Doch Tübke hat kein Interesse daran, ein quasi-dokumentarisches Abbild militärischer Handlungen zu erschaffen, ihm schwebt ein

024mt©Bildarchiv Barbarossahöhle

Monument vor, das über den historischen Kontext hinausweist. Allein die Recherche zieht sich über drei Jahre hin. Tübke wälzt Fachliteratur, studiert Abbildungen jener Zeit, fertigt Entwürfe an. Zwei weitere Jahre nimmt die Arbeit an einem Modell des 360-Grad-Bildes in Anspruch. 1982 wird es Mitgliedern des Politbüros um Erich Honecker präsentiert.

In der Zwischenzeit ist auf einer Erhebung des Kyffhäusergebirges ein **weithin sichtbarer Rundbau** entstanden. Tübke selbst setzt 1983 den ersten Pinselstrich, aber er steht vor einer Herausforderung, die er allein nicht bewältigen kann. Fünf weitere Künstler schuften über vier Jahre hinweg im Schichtsystem auf beweglichen Gerüsten an Tübkes Vision – er selbst wird diese Zeit später als „Viecherei“ bezeichnen.

Nach zehn Jahren Arbeit setzt Tübke seine Schlusssignatur. Entstanden ist ein Bilderdom, in dem statt der sozialistischen Perspektive auf den Bauernkrieg ein **Theatrum mundi** („Welttheater“) zu sehen ist, eine Darstellung, die den historischen Moment an der Schwelle vom Mittelalter zur Neuzeit zu einer grundlegenden Geschichte der Menschheit ausweitet. „Wer unter jener Kuppel auf dem Frankenberg steht“, bemerkt der Historiker Golo Mann, der zu den ersten Gästen gehört, „dem wird die Zaubermacht der Kunst für einen Moment alle Theorie als grau in grau erscheinen lassen.“ Am 14. September 1989 wird das Rundgemälde der Öffentlichkeit zugänglich gemacht, als **Prestigeprojekt** eines Staates, den es bald darauf nicht mehr geben wird.

› Am Schlachtberg 9, Bad Frankenhausen, Tel. 034671 6190, www.panorama-museum.de, Di.–So. 10–17 Uhr, Eintritt: 8 €, erm. 7 €, Kinder 3 €, bis 5 Jahre frei

070mt-db

MEIN TIPP

Pisa? Pustekuchen!

Der **Schiefe Turm von Bad Frankenhausen** ist noch schräger als sein italienischer Namensvetter. Als die Kirche Unserer Lieben Frauen am Berge 1382 eingeweiht wurde, ahnte man noch nicht, dass man den Turm auf ein Senkungsgebiet gesetzt hatte. Um fast 5 Grad fällt er heute aus dem Lot und ist so zum **Wahrzeichen der Stadt** geworden.

★22 **Schiefer Turm Bad Frankenhausen,** Schwedengasse, www.der-schiefe-turm.de, Infopavillon April–Okt. Mo.–Fr. 12–18, Sa./So. 10–18, Nov.–März Di.–So. 12–17 Uhr

⌃ *Echt schräg: Kirchturm mit Stützstrümpfen in Bad Frankenhausen*

‹ *Sagenhaft: unterirdische Seen in der Barbarossahöhle* 5

7 Mühlhausen ★★ [C4]

Ob sich Mühlhausen wirklich am Mittelpunkt Deutschlands (s. unten) befindet, ist umstritten. Eine zentrale Rolle kommt der Stadt aber seit jeher zu, wie sich auch am Stadtbild ablesen lässt.

KURZ & KNAPP

Zur Mitte, bitte!

Bei Mühlhausen 7, Niederdorla, Hötzelsroda, Mihla oder Heiligenstadt, zwischen Langula und Kammerforst – hinzu kommen mehrere Gemeinden in Osthessen und im südlichen Niedersachsen. Jeder dieser Orte kann für sich den Titel in Anspruch nehmen, der **Mittelpunkt Deutschlands** zu sein. Und das Faszinierende ist: Sie alle haben das Recht dazu!

Denn weil es **verschiedene Methoden der Berechnung** gibt, existieren auch mehrere Ergebnisse. Passt man das Staatsgebiet in ein Viereck ein? Zieht man Verbindungslinien zwischen den Extrempunkten? Man könnte auch den geografischen Schwerpunkt ermitteln. Möglicherweise, Gott bewahre, die Nation quadrieren! Oder ausrechnen, welchen Punkt die Bundesbürger insgesamt am zügigsten erreichen könnten.

Als wäre die Beantwortung der simpel erscheinenden Frage nicht schon aufreibend genug, kommen **administrative Unwägbarkeiten** hinzu. Wo genau verlaufen die Staatsgrenzen eigentlich? Um diese Frage wurden und werden Kriege geführt! Und kann bitte auch mal jemand an die Inseln und Halligen denken?

Als **Mittelpunkt Thüringens** sieht sich übrigens das zwischen Arnstadt 15 und Erfurt 17 gelegene **Rockhausen** [E5]. Was das zu bedeuten hat, können Sie sich ja selbst ausrechnen.

Im 10. Jh. wurde Mühlhausen von **Otto I.** erstmals erwähnt, womöglich hatte aber schon im Jahr 451 der mächtige Hunnenkönig Attila auf seinem Heereszug gegen das weströmische Reich kurzzeitig auf einer **Burg Mulhus** Station gemacht. Auf jeden Fall erhielt Mühlhausen 1135 vor allen anderen Gemeinden des heutigen Thüringen das Stadtrecht. Mit einer mächtigen Wehranlage 9 schützte man sich vor Eindringlingen und zählte bald neben Nordhausen 1 und Erfurt 17 zu den Machtzentren der Region, die sich vom Zusammenschluss zum **Thüringer Dreistädtebund** noch größeren Einfluss versprachen. Die drei Städte traten 1430 dem **Goslarer Bund** bei, wodurch Mühlhausen zur **Hansestadt** wurde.

Die Eigenständigkeit der Stadt lockte während des Bauernkriegs **Thomas Müntzer** hierher. Nach der Niederlage bei Bad Frankenhausen verlor der Revolutionär vor den Toren der Stadt den Kopf (s. S. 30).

Der Stern Mühlhausens sank, als es nach der **Französischen Revolution** und den daraus resultierenden Auseinandersetzungen in Europa zunächst vom Königreich Preußen besetzt und zeitweise in das von Napoleon gegründete Königreich Westphalen integriert wurde.

Konstant blieb die Bedeutung der Tuchmacherei. Die **Lage an der Unstrut** ermöglichte – der Name der Stadt ist der offensichtlichste Beweis – nicht nur den Betrieb von **Mühlen**, zugleich konnte das Wasser zur **Textilverarbeitung** eingesetzt werden. „Mühlhäuser Laken" wurden über den Hafen Wanfried (heute eine nordhessische Kleinstadt) nach ganz Europa verschifft, zudem profitierte das Gewerbe lange Zeit von der Kultivierung des **Färberwaids** (s. S. 126). Die

Textilproduktion kam mit der Wiedervereinigung endgültig zum Erliegen.

Nicht zu nehmen ist der Stadt ein weitgehend erhalten gebliebener **historischer Stadtkern**, der von der Stadtmauer und den zahlreichen Kirchen sowie Kapellen dominiert wird. Seit 1877 feiern die Kirchengemeinden gemeinsam die **Mühlhäuser Kirmes**, eines der größten Feste dieser Art in Deutschland.

› www.muehlhausen.de/tourismus

8 St. Marien und Thomas-Müntzer-Gedenkstätte ★★ [C4]

13 gotische Kirchen und Kapellen bestimmen seit dem Mittelalter die Silhouette der Stadt, weshalb man auch von *mulhousia turrita* sprach, dem „turmreichen Mühlhausen". Herausragend ist die **gotische Hallenkirche St. Marien,** die großteils im 14. Jh. errichtet wurde. Mühlhausen war damals die zweitgrößte Stadt der Region und so musste die Marienkirche nur dem Erfurter Dom 25 den Vorrang lassen. Der prägnante **Mittelturm**, heute das Wahrzeichen der Stadt, wurde allerdings erst um 1900 errichtet.

Da die evangelische Gemeinde immer weiter schrumpfte, wurde die Kirche 1975 säkularisiert und eine **Thomas-Müntzer-Gedenkstätte** eingerichtet. Der Reformator hatte während des Deutschen Bauernkriegs nicht nur hier gepredigt, sondern auch den Ewigen Rat gegründet, der sich gegen den alten Glauben und die feudalen Herrscher auflehnte (s. S. 30).

› Bei der Marienkirche, Tel. 03601 85660, www.mhl-museen.de, März–Okt. Di.–So. 10–17, sonst bis 16 Uhr, Eintritt: 5 €, erm. 4 €, Kinder 2 €, bis 3 Jahre frei

025mt-db

Der Turm St. Mariens ragt in den Himmel von Mühlhausen

9 Historische Wehranlage Mühlhausen ★ [C4]

Je dicker die Mauern, desto bedeutender die Stadt – dies lässt sich durchaus über Mühlhausen und seine Rolle im Mittelalter sagen. Weite Teile der historischen Wehranlagen sind erhalten geblieben, ermöglichen heute aber statt Feindesschutz Einblicke in die **Stadtgeschichte.**

Die **Treppe**, die hinauf zur Stadtmauer führt, befindet sich etwas versteckt am **Inneren Frauentor.** Oben wacht tatsächlich noch jemand, allerdings nur die Kassenkraft für den **Rabenturm**, von dessen Spitze man den Blick schweifen lassen kann. Von hier oben lässt sich der Verlauf der Befestigungsanlage gut nachvollziehen, welche die Stadt ab dem 13. Jh. umschloss.

Über den **Wehrgang** sind weitere Türme zu erreichen, die allesamt museal gestaltet sind. Im Mittelpunkt steht die Entwicklung der städtischen

Verteidigungsanlagen. Als die Bollwerke militärisch veraltet waren, wurden auf ihnen zum Teil idyllische Gartenhäuschen errichtet, in denen statt Defensive Entspannung die Devise war.

› Am Frauentor 13, Tel. 03601 816020, www.mhl-museen.de, Mitte April–Okt. tägl. 10–17 Uhr, Eintritt: 5 €, erm. 4 €, Kinder 2 €, bis 3 Jahre frei

Weitere Attraktionen

24 Bauernkriegsmuseum Kornmarktkirche, Kornmarkt, Tel. 03601 85660, www.mhl-museen.de, März-Okt. Di.–So. 10–17, sonst bis 16 Uhr, Eintritt: 5 €, erm. 4 €, Kinder 2 €, bis 3 Jahre frei. Die Bettelordenskirche war einer der wesentlichen Orte des Bauernkriegs im Ort.

25 Divi-Blasii-Kirche, Johann-Sebastian-Bach-Platz, Tel. 03601 404770, www.kirchenkreis-muehlhausen.de, April–Okt. Mo.–Do. u. Sa. 10–17, So. 13–17 Uhr, Nov.–April nach Absprache. Aufwendig gestaltete Hallenkirche, in der J. S. Bach 1707/08 als Organist wirkte.

26 Kulturhistorisches Museum Mühlhausen, Kristanplatz 7, Tel. 03601 85660, www.mhl-museen.de, März-Okt. Di.–So. 10–17, sonst bis 16 Uhr, Eintritt: 5 €, erm. 4 €, Kinder 2 €, bis 3 Jahre frei.

Thomas Müntzer – Revolutionär mit Regenbogenflagge

„Die Herren machen das selber, dass ihnen der arme Mann feind wird. Die Ursache des Aufruhrs wollen sie nicht wegtun. Wie kann es die Länge gut werden? So ich das sage, muss ich aufrührerisch sein", schreibt Thomas Müntzer 1524 in seiner „Hoch verursachten Schutzrede" an „das geistlose sanft lebende Fleisch zu Wittenberg" – Martin Luther.

Müntzer wird um 1489 in Stollberg im Harz geboren und ist zunächst Anhänger des Reformators. Doch lehnt er sich nicht nur gegen die geistliche, sondern auch gegen die weltliche Herrschaft auf. Als Pfarrer von Allstedt hält er den ersten Gottesdienst in deutscher Sprache und räumt in der Fürstenpredigt den Untertanen ein Recht auf Widerstand ein – ein Schlüsselmoment der europäischen Geistesgeschichte, in dem Müntzer das Mittelalter hinter sich lässt.

Seine radikalen Ansichten stoßen bei den Mächtigen auf wenig Gegenliebe. Müntzer muss fliehen und findet Verbündete in den Leibeigenen, die mit ihrer Fronarbeit die Feudalgesellschaft tragen und dabei selbst verelenden. Im Zuge der Aufstände, die heute als Deutscher Bauernkrieg zusammengefasst werden, wird er Pfarrer in Mühlhausen 7 und fordert die „Gemeinschaft aller Güter, die gleiche Verpflichtung aller zur Arbeit und die Abschaffung aller Obrigkeit". Er predigt unter einer weißen Fahne mit einem Regenbogen.

Luther mahnt zunächst zum Frieden, wettert dann jedoch gegen den „Erzteufel, der zu Mühlhausen regiert und nichts denn Raub, Mord, Blutvergießen anrichtet" und nimmt die Obrigkeit in die Pflicht, die etablierte Ordnung wiederherzustellen.

„Gott will mit eurer Hilfe die Welt reinigen, kämpft mutig!" Müntzer versucht, die Bauern vor der Schlacht bei Frankenhausen zu einen, doch die apokalyptischen Worte verfangen nicht. Die Bauern verfolgen partikulare Interessen und finden gegen die überlegenen Fürstenheere zu Tausenden den Tod. Der Aufrührer Müntzer wird gefangen genommen, gefoltert und 1525 vor den Toren Mühlhausens öffentlich enthauptet.

099mt©Lawiesen, stock.adobe.com

Stadtgeschichte, Thüringer Kunst und archäologische Funde des Unstrut-Hainich-Kreises im Neorenaissancebau.

Essen und Trinken

27 Kunst + Kram, Ratsstr. 18, Tel. 0162 7014220, www.villahügel.de, Mo.–Do. 11–16 Uhr. Geschmackvoll in Szene gesetztes Biocafé mit wechselndem Mittagsgericht.

28 La Commode, Neue Str. 7, Tel. 03601 856270, www.la-commode.de, Di.–Sa. 11–19, So. 11–17 Uhr. Gemütliches Bistro, das hausgemachte Torten und Flammkuchen anbietet.

Einkaufen

29 C. Strecker Buchhandlung, Bei der Marienkirche 12, www.c-strecker.com, Mo.–Fr. 10–18, Sa. 10–17 Uhr. Kulturkaufladen mit integriertem Café. Ausgezeichnet mit dem deutschen Buchhandlungspreis 2019 und 2021.

30 Mai Fashion, Steinweg 33, www.maifashion.de, Mo.–Fr. 10–18, Sa. 10–13 Uhr. Mode made in Anrode. Die Kollektionen mit dem Schwerpunkt Strick kommen aus einer thüringischen Manufaktur.

Thüringer Kernland

UNESCO-Welterbe im Übermaß hat das **Thüringer Becken** zu bieten, vom „Klassischen Weimar“ 28 und dem Bauhaus (s. S. 56) bis zum Buchenurwald des Hainichs 10. Passt da die **Landeshauptstadt** 17 überhaupt noch hinein? Um es mit Luther zu sagen: „Erfurt steht am rechten Ort, ist eine wahre Schmalzgrube.“

10 Nationalpark Hainich ★★★ [C4]

Urwald – ein Wort, in dem Exotik mitschwingt. Dabei muss man gar nicht in die Ferne schweifen, um unberührte Natur zu erleben.

Auf den ersten Blick erscheint der **einzige Nationalpark Thüringens** wenig spektakulär. Lediglich Bäume gilt es zu entdecken, alte, naturnahe **Bu-**

Natur ohne Menschenhand: Bärlauchblüte im Nationalpark Hainich

chenwälder, wie sie einst nahezu überall in Mitteleuropa zu finden waren – und wie es sie kaum noch gibt.

Der Hainich ist ein Höhenzug, auf dem sich das **größte zusammenhängende nationale Laubwaldgebiet** befindet. Der südliche Teil ist seit 1997 Naturschutzgebiet und ironischerweise war es gerade die militärische Nutzung – ab 1935 durch die Wehrmacht, nach dem Zweiten Weltkrieg durch die Rote Armee –, die Mutter Natur hier weitestgehend ungehindert walten ließ, durften doch weite Teile der Region nicht von Zivilisten betreten werden.

MEIN TIPP

Konichiwa, Bad Langensalza!

Die Kurstadt Bad Langensalza [C4] zählte mit ihren Parks und Gärten zu den Außenstandorten der 2021 in Erfurt 17 veranstalteten BUGA. Einer der Höhepunkte ist sicherlich der **Kōfuku no niwa,** der „Garten der Glückseligkeit“, zu dem auch ein authentisches **Teehaus** gehört.

★**33 Japanischer Garten Bad Langensalza,** Kurpromenade 15, Tel. 03603 834424, https://badlangensalza.de/erleben/parks-gaerten/japanischer-garten, April–Sept. 10–19, März/Okt. tägl. 10–18 Uhr, Eintritt: 5 €, erm. 4 €, ab 17 Uhr 3 €, bis 12 Jahre frei

Seit 2011 zählt der Park zum **UNESCO-Weltnaturerbe.** Geschützt wird etwas, das vielleicht nicht den Atem stocken lässt, im zersiedelten Europa jedoch zur Seltenheit geworden ist: Wildnis. Zwar steht die **Rotbuche**, die als „Mutter des Waldes“ bezeichnet wird, im Mittelpunkt, die langjährige Abwesenheit des Menschen hat jedoch dazu geführt, dass der Hainich auch die Heimat weiterer rund 10.000 Tier- und Pflanzenarten ist.

Eine wenig beschwerliche Erkundungstour ist auf dem **Baumkronenpfad** möglich, der sich beim **Forsthaus Thiemsburg** befindet. Hier kann man der Flora und Fauna ganz nahekommen. Im benachbarten **Nationalparkzentrum** wird das Gesehene wissenschaftlich unterfüttert. Mehrere **Rund- und Fernwanderwege** führen durch den Nationalpark, die sich per pedes oder radelnd entdecken lassen.

Der Hainich gilt als Bilderbuch-Lebensraum für Wildkatzen, allerdings sind die Tiere so scheu, dass man sie in freier Wildbahn kaum zu Gesicht bekommt. Erfolgsversprechender ist da ein Besuch im **Wildkatzendorf Hütscheroda.**

Meditativ und heilsam: Zen-Garten in Bad Langensalza

027mt-db

Unweit davon gibt es mit dem **Aussichtsturm Hainichblick** eine weitere Gelegenheit, sich einen Überblick über das Reservat zu verschaffen. Daneben erhebt sich der **Generalsblick,** ein aufgeschütteter Hügel, von dem aus früher die Militärs die Manöver beobachteten und der heute zeigt, was geschieht, wenn Mutter Natur das Kommando übernimmt.

› Thiemsburg 1, Schönstedt, www.nationalpark-hainich.de, Tel. 036022 980836
› **Anfahrt:** Buslinien 150/154/160, www.regionalbus.de
•31 **Nationalparkzentrum Hainich/Erlebniswelten,** Tel. 03603 834424, April–Okt. tägl. 10–19, Nov.–März 10–16 Uhr, Eintritt: 8 €, erm. 7 €, Azubis/Schüler/Studierende 4 €, Kinder 3 €, bis 5 Jahre frei
› **Baumkronenpfad & Abenteuerwildnis (Spielplatz),** Tel. 03603 825843, www.baumkronen-pfad.de, April–Okt. tägl. 10–19, Nov.–Feb. 10–16 Uhr (witterungsabhängig), Eintritt: 12 €, erm. 10 €, Azubis/Schüler/Studierende 6 €, Kinder 4 €, bis 5 Jahre frei
•32 **Wildkatzendorf Hütscheroda**, Schloßstr. 4, Hörselberg-Hainich, www.wildkatzendorf.com, Tel. 036254 865180, April–Okt. tägl. 10–18, Nov.–März Sa./So. und in den Schulferien 10–16 Uhr, Eintritt: 7,50 €, erm. 6,50 €, Kinder 5,50 €, bis 3 Jahre frei, mit Schaufütterungen

11 Gotha ★★ [D5]

Heutzutage steht die Stadt ein wenig im Schatten von Erfurt 17 und Weimar 28, doch zur Zeit des Barock war Gotha ein Goliath in Thüringen.

Im Jahr 775 überantwortete Karl der Große dem Kloster Hersfeld eine „villa gotaha". Gotha befand sich einerseits an der mittelalterlichen Handelsroute zwischen Frankfurt am Main und Leipzig, andererseits lag es günstig an einer Verbindung über den Thüringer Wald. Auch hier führte v.a. der Handel mit **Färberwaid** (s. S. 126) zu wirtschaftlicher Prosperität.

Doch Mitte des 16. Jh. erlebte Gotha mit den **Grumbachschen Händeln** ihr blaues Wunder: Unter diesem Begriff werden die Ereignisse einer Fehde zwischen Wilhelm von Grumbach und den Fürstbischöfen von Würzburg zusammengefasst. Weil der in Gotha residierende Johann Friedrich II. dem fränkischen Ritter, der Reich und Kaiser gegen sich aufgebracht hatte, beistand, wurde er selbst geächtet. Im Zuge der Belagerung wurden weite Teile der Stadt zerstört.

Bergauf ging es mit Gotha erst wieder zum Ende des Dreißigjährigen Krieges, als **Ernst I.** (s. S. 35) es nach einer Landesteilung zur **Residenzstadt des neuen Herzogtums Sachsen-Gotha** machte. Unter seiner Ägide wurde mit dem Schloss Friedenstein 12 die damals größte frühbarocke Schlossanlage Deutschlands errichtet. Auch ein Hoftheater etablierte er.

Im weiteren Verlauf grenzte sich Gotha als **Standort der Naturwissenschaften** von Weimar ab. Neben den fürstlichen Sammlungen sind hier v.a. Justus Perthes' Verlagsbuchhandlung, die mit dem „Der Gotha" bezeichneten Adelslexikon Aufsehen erregte, sowie Joseph Meyers Bibliographisches Institut (Meyers Universallexikon) zu nennen. Die **erste Sternwarte in Deutschland** war auf dem Gothaer Seeberg angesiedelt.

1840 heiratete **Albert von Sachsen-Coburg und Gotha** die britische **Königin Victoria,** was die Stadt einerseits mit Kapital für etliche Investitionen ausstattete, z.B. in die Pferde-

028mt-db

rennbahn Boxberg, und sie andererseits in einem weiteren Stammbaum des europäischen Hochadels auftauchen ließ.

Während der Industrialisierung machte Gotha mehrfach von sich reden: So wurde hier das deutsche **Versicherungswesen** (s. S. 37) begründet; als Zufluchtsstätte Gustav Freytags und als Gründungsort des Deutschen Schützenbunds wurde die Stadt zum **Hort des Nationalliberalismus.**

Das führende Unternehmen ab Ende des 19. Jh. war die **Gothaer Waggonfabrik:** In Friedenszeiten wurden u. a. Straßenbahnen, im Krieg Kampfflieger produziert. Das erste Flugzeug, aus dem im Ersten Weltkrieg Bomben auf Großbritannien fielen, war eine „Gotha-Taube". Im Zweiten Weltkrieg blieb die Stadt weitgehend unversehrt, da Kampfkommandant **Josef Ritter von Gadolla** entgegen dem Führerbefehl kapitulierte. Seine letzten Worte: „Damit Gotha leben kann, muss ich sterben!"

Ideologisch war die Stadt durch die Jahrhunderte umkämpft. Da hier einst mit der Gründung der SAP die **Geburtsstunde der deutschen Sozialdemokratie** (s. Tivoli Gedenkstätte auf S. 37) schlug, wurde nach dem Krieg an Ort und Stelle der Vereinigungsparteitag von KPD und SPD zur SED abgehalten. 1990 kam es zur ersten Großkundgebung nach der Wiedervereinigung, als **Willy Brandt** auf dem Hauptmarkt ⓮ zu 100.000 Menschen sprach.

Musste Gotha schon während der deutschen Teilung hinter der Bezirkshauptstadt Erfurt zurückstehen, so schrumpften Wirtschaft und Bevölkerungszahl nach der Wende deutlich. Diese Entwicklung konnte in den letzten Jahren aufgefangen werden. Zudem wurde die historische Bedeutung der Stadt mit viel Aufwand sichtbar gemacht. Davon zeugen etwa die schmucken **Bauten aus Barock und Renaissance**, die auf dem Hauptmarkt und dem Neumarkt sowie am Schlossberg zu finden sind.

› www.gotha-adelt.de

⓬ Schloss Friedenstein ★★ [C5]

Architektur, Theater, Bildende Kunst und Gartenpracht: Das ehemalige Residenzschloss ist ein barockes Universum von internationalem Rang.

Gartenkleinod: das nördliche Kalthaus im Schlosspark der Orangerie

Im Jahr 1640 wurde **Ernst I.**, genannt **der Fromme** (s. rechts), zum Herrscher des nach Erbteilung neu entstandenen Herzogtums Sachsen-Gotha. In der auserwählten Residenzstadt mangelte es jedoch an einem standesgemäßen Sitz. In der Ruine der **Burg Grimmenstein** legte der Herzog den Grundstein für einen neuen Palast. Da der Dreißigjährige Krieg bereits seit mehr als zwei Dekaden tobte, erhielt der Herrschersitz einen programmatischen Namen: Schloss Friedenstein.

Es entstand eine Anlage, die heute als **Musterbeispiel des Frühbarocks** gilt und zum **Wahrzeichen Gothas** geworden ist. Beeindruckend ist schon die schiere Größe des Ensembles. Der Hauptflügel mit seinen vier Geschossen ist als Zeichen der Macht auf die Altstadt gerichtet, auffällig ist die unterschiedliche Formgebung der Ecktürme.

Unter dem musisch gebildeten **Ernst II.** kam es zu grundlegenden Veränderungen des Herrschaftssitzes. Trotz des friedvollen Mottos war er zunächst, einer Zitadelle gleich, in die Stadtbefestigung integriert. Ab Mitte des 18. Jh. mussten die Bollwerke allerdings einem prächtigen **Schlosspark mit Orangerie** weichen – einer der ersten englischen Landschaftsgärten auf dem Kontinent.

Das **Hoftheater** erhielt ein festes Ensemble und war damit seiner Zeit voraus. Heute ist es nach dem ehemaligen Direktor **Conrad Ekhof** (1720–1778) benannt, der von Zeitgenossen als „Vater der deutschen Schauspielkunst" bezeichnet wurde. Es handelt sich um eines der ältesten barocken Schauspiele der Welt mit noch existierender Bühnenmaschinerie. Im Theater ist auch die **Dauerausstellung „Hinter den Kulissen"** zu se-

Ernst und seine Enkel

Als Queen Elizabeth II. Ende 2022 starb, wurde die Thronfolge lang und breit dargelegt. Bewegt man sich auf dem Zeitstrahl jedoch in die entgegengesetzte Richtung, so landet man irgendwann bei Gotha (11). Und was für die ehemalige britische Königin gilt, trifft auf fast den gesamten europäischen Hochadel zu. Ob Monaco-Fürst Albert II., Schweden-König Carl XVI. Gustaf oder Felipe VI., König von Spanien – sie alle stammen in irgendeiner Art und Weise von **Ernst I.** (1601–1675), auch bekannt als **Ernst der Fromme,** ab.

Mit seiner Frau zeugte er insgesamt 18 (!) Kinder, von denen ihn immerhin neun überlebten. Das über Kursachsen herrschende Haus Wettin hatte sich zwar bereits 1485 mit der Leipziger Teilung in zwei Linien aufgefächert und der Erfurter Teilungsvertrag etwa ein Jahrhundert später den Zersplitterungsprozess der Ernestiner angestoßen. Doch der Weg zur Kleinstaaterei (s. S. 129) wurde mit dem Tod von Ernst I. geebnet, als sein Machtgebiet im Anschluss unter den sieben Söhnen aufgeteilt wurde.

Da der europäische Adel bis ins 20. Jh. bei der Heirat weitestgehend unter sich blieb, verwundert es kaum, dass angesichts derart vieler Nachfolger bald Verbindungen über die engen Staatengrenzen hinaus geschlossen wurden. Ernst I. gilt heute als recht progressiver Herrscher, unter dem etwa die Schulpflicht in Sachsen-Gotha-Altenburg eingeführt wurde und an dem sich unter anderem der britische Staatsmann Oliver Cromwell ein Beispiel nahm. Bekannt ist er jedoch vor allem als „Opa von Europa".

029mt-db

hen. Hinzu kommen historische Gemächer, die Kunstkammer und eine naturkundliche Schau – und das alles ist in einem Barockbau untergebracht, der über die Jahrhunderte nahezu unverändert blieb. Denn wie mit dem Namen angemahnt, wurde Schloss Friedenstein nie zerstört.

Im angeschlossenen Restaurant **Pagenhaus** (s. S. 37) kann man sich Thüringer Küche schmecken lassen.

› Schlossplatz 1, Tel. 03621 5129334, www.stiftungfriedenstein.de, April–Okt. Di.–So. 10–17, Nov.–März 10–16 Uhr, Eintritt: 12 €, erm. 6 €, bis 18 Jahre frei, Kombiticket mit Herzoglichem Museum 13 16 €, erm. 8 €

13 Herzogliches Museum ★ [C5]

Weil die Herzoglichen Sammlungen die Gemächer auf Schloss Friedenstein 12 zu sprengen drohten, gab **Ernst II.** 1863 den Auftrag, ein repräsentatives Museum zu errichten. Der angeheuerte Architekt Franz Neumann d. Ä. witterte die Gelegenheit, sein Werk zu krönen – er verkalkulierte sich jedoch meisterlich. Das Budget war bald so sehr überzogen, dass die Arbeiten ausgesetzt werden mussten. Erst mit elf Jahren Verspätung konnte der **Prachtbau im Stil des Historismus** eröffnet werden.

Da Gotha sich als naturwissenschaftliches Gegenstück zu Weimar 28 sah, dominierten lange Forschungsfunde die Ausstellungen. Heute sind es **Kunstschätze**, die für Aufsehen sorgen, darunter fünf Gemälde, die 1979 aus dem Schloss geraubt worden waren – der Diebstahl wird als spektakulärster Kunstraub in der DDR-Geschichte angesehen. Mit dem **„Gothaer Liebespaar“** wird überdies eine der berühmtesten Turtelszenen der Kunstgeschichte gezeigt.

› Schlossplatz 2, Tel. 03621 82340, www.stiftung-friedenstein.de/herzogliches-museum, April–Okt. Di.–So. 10–17, Nov.–März 10–16 Uhr, Eintritt: 8 €, erm. 4 €, bis 18 Jahre frei, Kombiticket mit Schloss Friedenstein 12 16 €, erm. 8 €

14 Hauptmarkt ★ [D5]

Das auffälligste Gebäude des Platzes ist sicherlich das **Alte Rathaus** (Hauptmarkt 1), das den Hauptmarkt in zwei Hälften teilt – ein Renaissance-Bau, der ursprünglich als Kaufmannshaus errichtet worden war, dann aber von **Ernst dem Frommen** (s. S. 35) bewohnt wurde, während Schloss Friedenstein 12 für ihn hergerichtet wurde. Etwa seit Mitte des 17. Jh. beherbergt es die Stadtverwaltung, wobei es heute v. a. als Sitz des Oberbürgermeisters dient.

Plastik von Luise Dorothea von Sachsen-Gotha-Altenburg, im Hintergrund Schloss Friedenstein 12

Der **Name** Gothas bedeutet wahrscheinlich so viel wie „gutes Wasser", einen größeren Fluss sucht man in der Stadt jedoch vergeblich. Die Versorgung wurde ab Mitte des 14. Jh. über den **Leinakanal** gewährleistet, der Wasser über eine Distanz von ca. 30 km aus dem Thüringer Wald brachte. Der Kanal speist noch immer eine **Wasserkunst**, die sich am südlichen Ende des Hauptmarktes auf einer Länge von 100 m erstreckt.

Weitere Attraktionen

34 Deutsches Versicherungsmuseum Ernst Wilhelm Arnoldi, Bahnhofstr. 3a, Tel. 03621 510450, www.dvm-gotha.de, Mo. 10–16 Uhr und nach Absprache, Eintritt: 2 €, erm. 1,50 €. 1817 muss Arnoldi miterleben, wie die Londoner Feuerversicherung Phoenix der väterlichen Tabakfabrik nach einem Brand die Zahlung verweigert. Drei Jahre später gründet der Unternehmer die Gothaer Feuer und wird damit zum „Vater des deutschen Versicherungswesens".

35 KunstForum Gotha, Querstr. 13–15, Tel. 03621 7387030, www.kunstforum-gotha.de, Di.–So. 10–17 Uhr, Eintritt: 4 €, erm. 3 €, bis 14 Jahre frei. Zeitgenössische Werke regionaler und überregionaler Künstler.

36 Tivoli Gedenkstätte, Am Tivoli 3, Tel. 03621 704127, www.tivoli-gotha.de, Mai–Okt. Di.–Do. 10–17, Nov.–April Di.–Do. 10–16 Uhr. 1875 schlossen sich im Tivoli der Allgemeine Deutsche Arbeiterverein und die Sozialdemokratische Arbeiterpartei zur Sozialistischen Arbeiterpartei Deutschlands (SAP) zusammen; daraus ging später die SPD hervor. Die Dauerausstellung beleuchtet Gothas Rolle als Schauplatz der linken Bewegung.

Essen und Trinken

37 Ottimo Kaffeerösterei, Gartenstr. 21, Tel. 0176 94935726, www.kaffee-ottimo.com, Di.–Do. 10–17, Fr. 10–16 Uhr. Kaffeesorten aus aller Welt sowie Bistroküche, hausgemachte Kuchen und italienisches Flair.

› **Pagenhaus** €€, im Schloss Friedenstein 12, Tel. 0362 1403612, www.pagenhaus.de, Di.–Sa. 12–21, So. 12–15 Uhr. In bester Lage werden Spezialitäten der Thüringer Küche auf Basis regional bezogener Produkte gereicht. Mit Garten.

MEIN TIPP

Auf Tour mit der Waldbahn

Zwischen dem **Hbf. Gotha** 11 und **Bad Tabarz** [C5] am Fuße des Großen Inselsberges (s. S. 97) verkehrt eine der letzten Überlandstraßenbahnen Deutschlands. Die Rarität auf Rädern eignet sich bestens zur Erkundung der Umgebung und hält u. a. an der **Marienglashöhle Friedrichroda** 67.

› www.waldbahn-gotha.de (Linie 4)

030mt-db

Die Thüringerwaldbahn am Halt Marienglashöhle Friedrichroda 67

Einkaufen

38 **Verwebtes**, Hauptmarkt 6/7, www.handwebereikempe.de, Mo.-Fr. 10-18, Sa. 10-14 Uhr. Die „besondere Masche" dieses Werkstattladens ist es, Naturmaterialien in Handarbeit zu ansprechender Kleidung zu verweben.

Unterhaltung

39 **Kulturhaus Gotha,** Ekhofplatz 3, Tel. 03621 510450, www.kulturhaus-gotha.de. Spielstätte mit dem Retro-Flair eines ehemaligen Kreiskulturhauses.

Drei Gleichen ★

Jeder, der schon einmal auf der A4 zwischen Erfurt 17 und Gotha 11 unterwegs war, weiß mit den drei markanten Landgrafenburgen etwas anzufangen. Das Ensemble scheint wie aus einem Guss – dabei erweisen sich die Festungen bei genauerer Betrachtung als recht unterschiedlich.

Denn während die **Veste Wachsenburg** heute ein Hotel bzw. Restaurant birgt, sind die **Burg Gleichen** und die **Mühlburg,** Letztere übrigens die älteste Festung Thüringens, lediglich als Ruine erhalten geblieben. Auch in Bezug auf die Bauart gibt es kaum Gemeinsamkeiten und selbst hinsichtlich der Eigentümer gab es historisch betrachtet keine Überschneidungen.

Die **Bezeichnung** „Drei Gleichen" beruht vielmehr auf einem sagenhaften Naturereignis: So sollen am 31. Mai 1231 die Türme der drei Burgen auf einen Schlag **vom Blitz getroffen** und in Brand gesetzt worden sein. Aus der Ferne müssen sich die massiven Fackeln auf den Bergkuppen sehr geähnelt haben.

Die Burgen sind über einen gut 12 km langen **Rundweg** miteinander verbunden. „Hier liegt vom Buche Thüringen eine der herrlichsten Stellen vor uns aufgeschlagen", lobte **Ludwig Bechstein** die Landschaft im 19. Jh. in höchsten Tönen. Es lohnt sich also, das Auto stehen zu lassen und auf Schusters Rappen umzusatteln.

★40 **Burg Gleichen,** Mühlberg-Wandersleben, Tel. 0361 6555680, www.naturkundemuseum-erfurt.de/ausstellungen/burgruine-gleichen, April-Okt. tägl. 10-18 Uhr, Eintritt: 3 €, erm. 2 €. Im Bergfried ist eine Ausstellung zur Kultur- und Naturgeschichte der Umgebung zu sehen.

★41 **Mühlburg,** Drei Gleichen, Tel. 0176 69721232, Museum und Turm März-Okt. Mo.-Fr. 10-17, Sa./So. 10-18 Uhr (Burggelände jederzeit), Eintritt: 2,50 €. Der Turm ist begehbar und birgt eine kleine Ausstellung.

★42 **Veste Wachsenburg,** Am Burgberg, Amt Wachsenburg, Tel. 03628 74240, www.wachsenburg.com, Mi.-Fr. 11-20.30, Sa. 11-21, So. 11-16 Uhr, Eintritt: 6 €, erm. 2,50 €. Zu besichtigen sind ein Museum, der Turm, die ehemalige Folterkammer und der Burgbrunnen.

15 Arnstadt ★ [D6]

In der Geschichte Thüringens hatte nicht etwa Erfurt 17, sondern Arnstadt oft die Nase vorn. Heute zieht v. a. das musik- und kunsthistorische Erbe des Barock die Aufmerksamkeit der Besucher auf sich.

Arnstadt gilt als **„Tor zum Thüringer Wald".** Eine Siedlung am **Westufer der Gera** wurde bereits 704 urkundlich erwähnt – somit handelt sich um die **älteste Stadt Thüringens,** ja sogar aller neuen Bundesländer. Die **Nähe zur Via Regia** (s. S. 39) wirkte sich positiv auf die weitere Entwicklung aus. Ob ein Zusammenhang zwischen der wirtschaftlichen Prosperität und den ersten verbrieften Erwähnungen der **Thüringer Bratwurst** (s. S. 122) im Jahr 1404 sowie eines nicht bayrischen Weizenbiers anno 1617 besteht, kann nur vermutet werden.

In Arnstadt residierten die **Grafen von Schwarzburg.** Spuren hinterließ v. a. die bis 1716 währende Regentschaft von Graf **Anton Günther II.** (s. rechts). Der Kenner und Förderer der schönen Künste stellte etwa den jugendlichen **Johann Sebastian Bach** (s. S. 93) als Organisten an – heute trägt der Ort den Beinamen **„Bachstadt".** Günthers Frau Auguste Dorothea ließ sich ein heute nicht mehr existierendes Lustschloss errichten, in dem sie ein barockes Kleinod namens *Mon plaisir* einrichtete, das sich im Neuen Palais (16) besichtigen lässt.

Dass die auf der Berliner Siegessäule thronende Viktoria „Goldelse" genannt wird, ist auch jenseits der Grenzen der Hauptstadt ein Begriff. Weniger verbreitet ist, dass der Spitzname auf einen Roman der Arnstädter Schriftstellerin **E. Marlitt** (1825–1887) zurückgeht. Sie gilt als erste deutschsprachige Bestsellerautorin.

Nach der **Wende** machte Arnstadt der Verlust an Industriearbeitsplätzen zu schaffen. Mittlerweile ist das nördlich gelegene Erfurter Kreuz das größte Gewerbegebiet Thüringens.

Bei einem Besuch ist aber vor allem der **historische Stadtkern** von Interesse, am **Neutor** und am **Riedturm** lässt sich noch der Verlauf der südlichen **Stadtmauer** ablesen. Der Turm der **Wasserschlossruine Neideck** gilt als Wahrzeichen der Stadt.

› www.bachstadt-arnstadt.de

031mt-db

Renaissance-Rathaus am Marktplatz in Arnstadt

KURZ & KNAPP

Via Regia

Die **„Königliche Straße"** war im Mittelalter eine Landverbindung zwischen Ost- und Westeuropa, die für den **Handel** von großer Bedeutung war. Ihr Verlauf folgte im Bereich des Freistaats in etwa der Thüringer Städtekette (s. S. 12), insgesamt reichte sie von Vilnius bis Santiago de Compostela.

› www.via-regia.org

(16) Schlossmuseum im Neuen Palais ★ [D6]

Neben der Reminiszenz an Bach und der barocken Einrichtung hält das Schlossmuseum mit der Miniaturstadt „Mon plaisir" ein ganz besonderes Vergnügen bereit.

Um 1700 regierte im Staate Schwarzburg-Sondershausen **Anton Günther II.** (1653–1716). Der Duodezfürst verfügte über beschränkte politische wie militärische Mittel, er und seine Frau **Auguste Dorothea** konzentrierten sich auf das Leben bei

Hofe. Man liebte den Prunk und lebte auf großem Fuß, finanziell wurde es oft eng. 1709 musste der Regent seine berühmte Münzsammlung verscherbeln – die fast 19.000 Objekte gingen nach Gotha 11, was die dortige „Numismatica“ auf europäischen Rang brachte. Der Staatsmann investierte allerdings auch in die schönen Künste. So holte er nach dem Tod von Stadt- und Hofmusiker Johann Christoph Bach einen weiteren Spross der Familie nach Arnstadt, der freilich noch etwas berühmter werden sollte: **Johann Sebastian Bach** (s. S. 93) ist heute die **Dauerausstellung „Hörbarer Glaube“** gewidmet.

Die Fürstin sollte ihren Mann um 35 Jahre überleben. Ist dies vielleicht der Grund dafür, dass sie sich in eine Miniaturwelt flüchtete? In jahrelanger Kleinstarbeit fertigten sie und ihre Hoffräuleins einen **Hofstaat in Miniaturausgabe**, der den Namen **„Mon plaisir“** („Mein Vergnügen“) erhielt. Die adlige Miniaturstadt verschlang ihr ganzes Vermögen: Als sie starb, hinterließ Auguste Dorothea einen beträchtlichen Schuldenberg. Heute ist die Sammlung im **Neuen Palais** zu sehen, das zwischen 1729 und 1734 als Witwensitz der Fürstin Elisabeth Albertine erbaut wurde. Die Puppenstadt versammelt in 82 Räumen rund 400 Wachsfiguren.

› Schlossplatz 1, Tel. 03628 602932, www.kulturbetrieb-arnstadt.de (unter „Schlossmuseum“), Di.–So. 10–17 Uhr, Eintritt: 6 €, erm. 3,50 €, bis 5 Jahre frei

Weitere Attraktionen

43 **Bachkirche Arnstadt,** Ledermarkt 3, Tel. 03628 740960, www.kirche-arnstadt.de, Mo.–Sa. 10–16, So. 11–16 Uhr. 1703 erhielt die Neue Kirche eine Orgel, die Abnahme übernahm ein 18-Jähriger, der ohne weiteres Vorspiel als Organist angestellt wurde. J. S. Bach blieb, bis ihm der Rat der Stadt vorwarf, er verwirre die Gemeinde mit harmoniefremden Tönen.

Essen und Trinken

44 **Café Marlitt,** Markt 12, Tel. 03628 519780, Di. 9–17, Mi./Do./Fr. 11–17, Sa./So. 13–17 Uhr. Hausgemachte Kuchen und frische Suppen, serviert im Geburtshaus der Schriftstellerin E. Marlitt.

45 **Lebensart,** Erfurter Str. 8, www.lebensart24.de, Mo.–Fr. 9–18, Sa. 9–13 Uhr. In diesem Delikatessengeschäft gibt es tägl. ab 11.30 Uhr ein frisch zubereitetes Tagesmenü.

Das Arnstädter Neue Palais 16 birgt die Miniaturwelt „Mon plaisir“

Einkaufen

46 Arnstadt Kristall, Bierweg 27, Werksverkauf Mo.–Fr. 10–17, Sa. 10–14 Uhr. Bleikristall-Manufaktur mit über 75-jähriger Tradition.

47 Auguste & Eugenie, Ledermarkt 1, www.atelier-kcagnin.de, Mo.–Fr. 10–13 u. 15–17, Sa. 10–13 Uhr. Atelier für schöne Dinge, u. a. Kleidung, bestickte Geschirrtücher und hölzerne Ohrringe.

Unterhaltung

48 Theater im Schlossgarten, Schlossgarten, Tel. 03628 618633, www.theater-arnstadt.de. Auf dem Areal der ehemaligen Fürstlichen Reitbahn finden Kulturveranstaltungen aller Art statt.

17 Erfurt ★★★ [E5]

Die mit ca. 214.000 Einwohnern größte Stadt Thüringens wartet mit einer herausgeputzten Altstadt auf. 25 Pfarrkirchen machen deutlich, warum auch oft vom „Rom Thüringens" die Rede ist. Doch so mächtig Erfurt im Mittelalter war, ist die Zeit hier keineswegs stehen geblieben.

742 erwähnte **Bonifatius** in einem Brief an Papst Zacharias erstmals einen Ort namens Erphesfurt. Etwa in diese Zeit fiel die Errichtung des ersten Gotteshauses auf dem Domberg 25. Nur vier Jahre später wurde der Missionar Erzbischof in Mainz, gab das Bistum Erfurt wieder auf und integrierte es in seinen Sprengel. Ab dem 9. Jh. ist die Präsenz einer weltlichen Macht belegt. Auf dem Petersberg befand sich eine **Königspfalz Karls des Großen,** die Erfurt als Handelsplatz an der Ostgrenze des damaligen Frankenreiches sichern sollte.

Im 10. Jh. wurden die Mainzer Erzbischöfe auch zu den weltlichen Herrschern über die Stadt.

An der Furt des Flusses **Gera** traf die **Via Regia** (s. S. 39) auf Handelsrouten, die die Küstenregionen mit dem Süden verbanden. Umgeschlagen wurde v. a. **Färberwaid** (s. S. 126). Mit der wirtschaftlichen Prosperität setzte eine rege Bautätigkeit ein: In dieser Zeit wurde die Stadt einerseits zur **„erfordia turrita"**, zum türmereichen Erfurt, andererseits als eine der ersten auf dem Gebiet des heutigen Deutschlands befestigt. Auch das geistige-kulturelle Leben der mittelalterlichen Metropole war auf dem Höhenflug: Ende des 14. Jh. eröffnete die **Universitas Studii Erfordiensis,** die dritte Universität Deutschlands.

Erfurts berühmtester Student jener Jahre war **Martin Luther** (s. S. 45). In der Reformationszeit bekannte sich die überwiegende Mehrheit der

033mt-db

Die Allerheiligenkirche überragt die Erfurter Altstadt

Bevölkerung zum Protestantismus. Die Stadt blieb zwar unter der Herrschaft des Mainzer Erzstifts, ließ sich aber die Religionsfreiheit zusichern. Im Dreißigjährigen Krieg war Erfurt lange von den Schweden besetzt, fiel nach dessen Ende jedoch wieder an Kurmainz, das seinen Einfluss mit einer Zitadelle 26 auf dem Petersberg sicherte. Zu Beginn des 19. Jh. gelangte Erfurt durch den **Reichsdeputationshauptschluss** von 1803 an Preußen. In der Folge rangen Napoleon und seine Rivalen um die bestens ausgebaute Festung, zeitweise unterstand die Stadt sogar direkt dem Kaiser der Franzosen.

Dank der Lage zwischen dem Harz und dem Thüringer Wald herrscht in der Region ein vergleichsweise **mildes Klima.** So ist es zu erklären, dass Gartenbau und Saatzucht selbst im Zeitalter der Industrialisierung eine besondere Stellung einnahmen. Erfurt wurde zur **Blumenstadt** von Weltrang. Ausgehend vom Anbau einer Bohnensorte, die sonst eher am Mittelmeer zu finden ist, etablierte sich für gebürtige Erfurter die Bezeichnung **„Puffbohne“.**

Mit der Aufhebung der Festungseigenschaft konnte sich die Stadt ausdehnen. Rund um die Altstadt erstreckte sich bald ein Gürtel aus **Gründerzeitvierteln.** Anfang des 20. Jh. zählte man über 100.000 Einwohner. Nach dem Ersten Weltkrieg wurde das Land Thüringen gegründet, allerdings mit Weimar 28 als Hauptstadt. Erfurt hingegen, das unter den Nazis eine der größten Garnisonen war, gehörte bis zum Ende des Zweiten Weltkriegs zur preußischen **Provinz Sachsen.**

Noch unter sowjetischer Besatzung wurde Erfurt Landeshauptstadt, ab 1952 befand sich der Sitz der Regierung des neu geschaffenen Bezirks Erfurt an der Gera. 1970 kamen hier mit Willy Brandt und Willi Stoph erstmals die Regierungschefs der BRD und der DDR zusammen – das **Erfurter Gipfeltreffen** markierte den Beginn der deutsch-deutschen Annäherung.

Nach der **Wiedervereinigung** konnte Erfurt sich als Hauptstadt des neu gegründeten Bundeslandes Thüringen behaupten. Der historische Ortskern wurde großflächig saniert und erzählt noch heute – belebt mit kleinen Läden, netten Cafés und vorzüglichen Restaurants – von der Geschichte einer Stadt, die seit jeher als das „Haupt des Thüringer Landes“ gilt.

18 Anger ★★ [S. 144]

Der ehemalige Umschlagplatz ist zur Hauptgeschäftsstraße geworden, wobei in einigen der prächtig restaurieren Bauten mittlerweile die Kultur den Ton angibt.

Erwähnt wurde der Anger erstmals 1196, bis ins 17. Jh. dominierte der Handel mit **Färberwaid** (s. S. 126). Das heutige Erscheinungsbild bestimmen hingegen die Bauten aus der **Gründerzeit.** Bemerkenswert ist, dass die Bausubstanz in der DDR großflächig restauriert wurde.

Auffällig ist der Shoppingtempel **Anger 1** am nordöstlichen Ende. Nachdem ein Brand 1905 die Bebauung zerstört hatte – darunter das Hotel „Römischer Kaiser“ –, entstand in den folgenden Jahren ein Kaufhaus gleichen Namens. Die jüdischen Eigentümer wurden 1934 enteignet. Noch zu Zeiten der sowjetischen Besatzung ging es in Volkseigentum über und entwickelte sich zu einem der größten Warenhäuser der DDR. Um die Jahrtausendwende wurde es in eine Einkaufsgalerie integriert.

Das nächste markante Gebäude in südlicher Richtung ist das **Hauptpostamt** (Anger 66–73). Der prächtige, im Stil der Neogotik errichtete Bau mit Eckturm wird heute nur noch teilweise von der Post genutzt.

An der Ecke zur Bahnhofsstraße steht ein weiteres Gebäude, das ursprünglich dem Handel gewidmet war. In dem Waage- und Packhof mussten ab 1712 alle Waren, die Erfurt erreichten, verzollt werden. Als Ende des 19. Jh. der Maler Friedrich Nerly der Stadt seine Sammlung vermachte, wurde in dem barocken Stadtpalast das **Angermuseum** eingerichtet, das auf Grundlage der Schenkung bedeutende mittelalterliche Kunst aus Erfurt und Thüringen zeigt.

Ein Blickfang am Südende ist das **Haus Dacheröden.** Auch hier trat kulturelle Nutzung an die Stelle wirtschaftlicher Tätigkeit. Ende des 18. Jh. wurde das Haus, in dem zuvor mit Waid gehandelt und Bier gebraut worden war, unter Karl Friedrich von Dacheröden, dem damaligen Präsidenten der Erfurter Akademie gemeinnütziger Wissenschaften, zu einem Treffpunkt der Intellektuellen. Dessen Tochter Caroline heiratete hier 1791 **Wilhelm von Humboldt,** bereits zwei Jahre zuvor hatte sich an Ort und Stelle **Friedrich Schiller** mit Charlotte von Lengefeld verlobt. Heute wird das Haus vom Verein **Erfurter Herbstlese** als Kulturforum betrieben.

49 [S. 144] **Anger 1,** Anger 1–3, www.anger1erfurt.de, Mo.–Sa. 10–20 Uhr

50 [S. 144] **Angermuseum,** Anger 18, Tel. 0361 6551651, https://kunstmuseen.erfurt.de/angermuseum, Di.–So. 10–18 Uhr, Eintritt: 6 €, erm. 4 €

51 [S. 144] **Haus Dacheröden,** Anger 37/38, Tel. 0361 64412375, www.herbstlese.de, Vorverkaufsstelle Mi.–Fr. 12–17, Sa. 10–17 Uhr

034mt-db

Ausdruck „sozialistischer Lebensfreude": der Neue Angerbrunnen

19 Krämerbrücke ★★★ [S. 144]

Die Krämerbrücke ist nicht nur der älteste erhaltene Profanbau Erfurts, sie ist auch die einzige bewohnte Brücke nördlich der Alpen.

An der Furt der Gera befand sich zunächst nur eine **Holzkonstruktion,** die es den Händlern, die auf der Via Regia (s. S. 39) unterwegs waren, ermöglichte, ihre Reise trockenen Fußes fortzusetzen. Die erste urkundliche Erwähnung fällt auf das Jahr 1156, den ersten Brückenschlag gab es aber vermutlich bereits im 8. Jh. Schon damals waren am Rand der Brücke **Krambuden** aufgestellt.

So oft hatte die Brücke in Flammen gestanden, dass man ab 1325 auf ein **steinernes Modell** setzte. An den Ufern befanden sich zu diesem Zeitpunkt **Brückenkopfkirchen,** die mit Tordurchfahrten versehen waren. Während die Ägidienkirche heute noch existiert, wurde die Benediktikirche im 19. Jh. teilweise für den Bau eines Wohnhauses abgerissen. Als parallel zur Krämerbrücke die Rathausbrücke errichtet wurde, musste 1896 auch der Kirchturm weichen.

Ihre heutige Form erhielt das Bauwerk nach einem verheerenden **Stadtbrand** im Jahr 1472. Seit jener Zeit ist auch die Bezeichnung Krämerbrücke gebräuchlich. War sie zunächst mit 62 schmaleren Häusern bebaut, schrumpfte diese Zahl etwa durch Zusammenlegung auf 32. Die Bebauung ist in unseren Breiten gewiss ungewöhnlich, zumal man ohne direkten Blick auf die Gera auf der Brücke gar nicht merkt, dass man sich über einem Fluss befindet. Reizvoll ist die Krämerbrücke aber auch, weil hier **Galerien, Schauwerkstätten** von Kunsthandwerkern und **inhabergeführte Lädchen** dominieren. Im **Haus der Stiftungen** ist eine Dauerausstellung zur Geschichte der Brücke zu sehen.

› www.kraemerbruecke-erfurt.de

•**52** [S. 144] **Haus der Stiftungen,** Krämerbrücke 31, Tel. 0361 6548381, tägl. 10–18 Uhr, Eintritt: frei

⑳ Michaelisstraße ★ [S. 144]

Von der Krämerbrücke ⑲ bis zum Abzweig Marbacher Gasse erstreckt sich eine 400 m lange Straße, die zum ältesten Teil des historischen Siedlungskerns Erfurts gehört und daher gern als „Steinerne Chronik der Stadt" bezeichnet wird.

Hinter dem **Benediktsplatz** wurde in den 1990er-Jahren die **Alte Synagoge** ㉑ entdeckt, einer der ältesten Versammlungsorte der jüdischen Gemeinde in Europa. Der Eingang befindet sich in der Waagegasse, durch die lange Zeit alle Gespanne mussten, die durch Erfurt kamen, um ihre Waren zu verzollen.

„Das macht nach Adam Riese ...", mag man dort möglicherweise oft gesagt haben – und tatsächlich lebte der Zahlenmeister **Adam Ries** 1518–1522 in der Stadt. Und nicht nur das, im **Haus zum Schwarzen Horn** (Michaelisstr. 48) gab es zu dieser Zeit eine Druckerei, in der seine ersten beiden Rechenbücher gefertigt wurden.

Mächtige Patrizierfamilien prägten einst das Geschehen an der Michaelisstraße. Beispielhaft dafür steht das **Haus zum Güldenen Krönbacken.** Dessen Fassade mit dem reich verzierten Portal zeugt vom Wohlstand der einstigen Bewohner, der mithilfe des **Waidspeichers** im Innenhof generiert wurde.

Darauf folgt das Gotteshaus, dem die Straße ihren Namen zu verdanken hat: Die **Michaeliskirche** geht auf das 12. Jh. zurück und ist zum einen eng mit **Johannes Lang** verbunden, der auch als „Reformator Erfurts" bezeichnet wird. Zum anderen besuchte Martin Luther als Student so manche Predigt in dem seit 1392 als Universitätskirche fungierenden Gotteshaus. Das ehemalige Hauptgebäude der Universität namens **Collegium Maius** befand sich einst auf der anderen Straßenseite. Es war wichtigste Bauwerk des „Lateinischen Viertels", das sich rund um die Michaelisstraße erstreckte, wurde im Zweiten Weltkrieg zerstört und nach der Wiedervereinigung neu aufgebaut.

53 [S. 144] **Kulturhof zum Güldenen Krönbacken,** Michaelisstr. 10, Tel. 0361 6551960, https://kunstmuseen.erfurt.de (unter „Galerie Waidspeicher"), Di.–So. 11–18 Uhr und bei Veranstaltungen, Eintritt: 4 €, erm. 2,50 €

21 Alte Synagoge ★★ [S. 144]

Geht es nach der Stadtverwaltung, so soll die älteste bis zum Dach erhaltene Synagoge Europas bald zum UNESCO-Weltkulturerbe gehören. Dabei war sie fast schon in Vergessenheit geraten.

Einige Bauabschnitte der Synagoge lassen sich auf das 11. Jh. zurückdatieren. Erfurts jüdische Gemeinde war eine der bedeutendsten des Mittelalters. Doch dann kam die **Pest:** Von 1346 bis 1953 raffte der Schwarze Tod in Europa ca. 25 Mio. Menschen dahin. Auch Juden waren darunter, auch Städte ohne Gemeinde betroffen. Doch da weder der Erreger noch der Übertragungsweg bekannt waren, grassierten bald Vorwürfe, Juden hätten die Pandemie durch Brunnenvergiftung ausgelöst. Bei den folgenden **Pogromen** wurde das jüdische Leben auf dem Gebiet des heutigen Deutschlands fast vollständig ausgelöscht – in Erfurt kam es am 21. März 1349 zu einem solchen Pestpogrom.

Die städtische Synagoge wurde in der Folge umgebaut und fast 500 Jahre lang als **Lagerhaus** genutzt. Um 1900 wurde das Gebäude in eine Gaststätte integriert und zum **Tanzsaal** umfunktioniert. Da die ursprüngliche Nutzung nicht mehr erkenntlich war, kam die Synagoge „unzerstört" durch die NS-Zeit. Erst im Rahmen von Bauuntersuchungen nach der Wiedervereinigung wurde der immense kulturhistorische Wert erkannt.

Und das war nicht die letzte Entdeckung: 1998 fanden Bauarbeiter in einem angrenzenden Kellergemäuer Wertsachen, die ein Kaufmann im Zuge des Pogroms versteckt hatte, darunter Silbergeschirr, Broschen und einen Hochzeitsring mit der Inschrift „masel tow" („viel Glück"). Der **Erfurter Schatz** ist in seinem Umfang einzigartig und erregte internationales Interesse.

Bei der Krämerbrücke 19 wurde 2007 ein jüdisches Ritualbad aus dem Mittelalter aufgetan. Auch diese **Mikwe** lässt sich besuchen und stellt einen weiteren Puzzlestein dar, der das Bild jüdischen Lebens in Erfurt ergänzt.

› Waagegasse 8, Tel. 0361 6551520, https://juedisches-leben.erfurt.de, Di.–So. 10–18 Uhr, Eintritt: 8 €, erm. 5 €

★**54** [S. 144] **Mittelalterliche Mikwe,** Krämerbrücke 7, Tel. 0361 6551608, https://juedisches-leben.erfurt.de/mikwe. Besuch nur mit Führung, Sa. 11.45 Uhr, Anmeldung erforderlich

22 Augustinerkloster ★ [S. 144]

Spätestens ab 1266 hielten sich in Erfurt Augustinermönche auf, ab 1276 begann man mit dem Bau des Klosters, das heute als herausragendes Beispiel mittelalterlicher Ordensbaukunst gilt. Einer der Ordensbrüder sollte Geschichte schreiben.

Martin Luther (1483–1546) hatte sich 1501 an der Artistenfakultät der Universität Erfurt eingeschrieben. Nach Erlangung des Magisters ließ er sich von seinem Vater dazu bewegen, ein Jurastudium zu beginnen. 1505 geriet Luther jedoch in ein Gewitter und suchte, so will es die Legende, in Todesangst nach Beistand: „Hilf du, Heilige Anna, ich will ein Mönch werden!"

Am 17. Juli 1505 trat Luther ins **Augustinerkloster** ein. Er wurde zum **Priester** geweiht und las in der Predigerkirche 24 seine erste Messe. Während des Theologiestudiums kam er mit der humanistischen Bewegung in Berührung, die sich der Auseinandersetzung mit den Originalquellen verschrieb – was für die spätere Bibelübersetzung von großer Bedeutung

sein sollte. Im Kloster erhielt Luther auch die Inspiration für sein späteres Siegel: Das **Vorbild der Lutherrose** ist im Löwen- und Papageien-Fenster zu sehen.

Von Erfurt aus wurde der Reformator nach **Wittenberg** berufen. 1521, auf der Reise zum **Reichstag in Worms**, kehrte er noch einmal zurück und bekräftigte in einer Predigt seine Bestrebungen: „Ich will die Wahrheit sagen und muss es tun, und sollte es mich zwanzig Hälse kosten." Bald darauf fiel das Kloster an die evangelische Kirche, 1559 wurde es säkularisiert.

Der geschichtsträchtige Ort rückte später in den Fokus der **Nationalbewegung.** Nach der Deutschen Revolution hatte die Frankfurter Nationalversammlung eine Verfassung verabschiedet. Diese wurde allerdings von den bestimmenden Mächten jener Zeit nicht anerkannt. 1849/50 wurde, insbesondere auf Betreiben Preußens, eine konservativere Variante vorgelegt, um einen kleindeutschen Staat zu schaffen. Das sogenannte **Erfurter Unionsparlament** tagte in der **Augustinerkirche.**

Im Zweiten Weltkrieg wurde das Kloster schwer beschädigt. Zu DDR-Zeiten kam ihm zugute, dass es als wichtige **Luther-Gedenkstätte** anerkannt wurde. Der Aufenthalt des Reformators im Kloster wird in der **Dauerausstellung** reflektiert, zudem ist die rekonstruierte **Lutherzelle** zu besichtigen.

› Augustinerstr. 10, Tel. 0361 576600, www.augustinerkloster.de, Mo.–Fr. 8–18, Sa./So. 8–16 Uhr, Führungen (ca. 1 Std.) tägl. 11 Uhr, Eintritt: 7,50 €, Kinder 4 €, bis 12 Jahre frei, Übernachtungen im Gästehaus möglich

23 Fischmarkt ★ [S. 144]

Steht der Anger 18 im Zeichen der Gründerzeit und der Domplatz 25 für den Einfluss des Klerus, repräsentiert der Fischmarkt das Selbstverständnis wohlhabender Bürger in der Renaissance.

Zur Zeit der Reformation wackelte die Quasi-Unabhängigkeit Erfurts bereits, doch so leicht wollte es das städtische Bürgertum dem Mainzer Erzbischof nicht machen – und dank der Einnahmen aus dem florierenden **Waidhandel** (s. S. 126) konnte man es sich auch leisten. Der Fischmarkt erscheint in dieser Hinsicht symbolträchtig.

⌃ *Luthers Wirkungsstätte: die Kirche des Augustinerklosters 22*

Dominiert wird der Platz vom **Rathaus.** Bereits seit dem 13. Jh. hatten die weltlichen Entscheidungsträger hier ihren Sitz, der heutige Bau zeigt sich in neugotischem Gewand. Sehenswert sind die historischen **Wandgemälde** im Treppenhaus, die das Leben Luthers und ausgewählte Thüringer Sagen illustrieren.

Ein weiteres Sinnbild bürgerlichen Selbstbewusstseins ist die **Statue** in der Mitte des Platzes. Bis ins 16. Jh. hatte St. Martin, der Patron des Erzbistums Mainz, den Fischmarkt geziert. Im **Bauernkrieg** (s. S. 26) war diese Figur mit Billigung des Rates niedergerissen worden. Ersetzt wurde sie durch einen römischen Krieger, der die Fahne Erfurts trägt. Somit war der **Römer** eine deutliche Ansage an den damaligen Landesherrn aus Mainz. Lange wurde die Statue auch als „Roland“ bezeichnet, was darauf hinweist, dass sie eine vergleichbar symbolträchtige Rolle einnahm.

Der Römer ist nicht die einzige Statue am Fischmarkt: Er hat auf dem Dach des **Hauses zum Breiten Herd** (Fischmarkt 13) einen Kumpanen, die Darstellung eines Landsknechts. Es ist eines von mehreren **Patrizierhäusern,** die den Platz bis heute prägen. Dass viele wohlhabende Kaufleute ihren Wohnsitz einst am Fischmarkt wählten, ist keineswegs ein Zufall, kreuzten sich hier doch bedeutende Handelsstraßen.

Einen Blick wert ist ferner das schmucke **Haus zum Roten Ochsen,** heute Sitz der **Kunsthalle.** Hier werden zeitgenössische Arbeiten ausgestellt.

M 55 [S. 144] **Kunsthalle Erfurt,** Fischmarkt 7, Tel. 0361 6555660, https://kunstmuseen.erfurt.de/kunsthalle, Di.–So. 11–18, Do. 11–22 Uhr, Eintritt: 6 €, erm. 4 €

24 Predigerkirche ★ [S. 144]

Wie es zur damaligen Zeit üblich war, wandte sich der Thüringer Grafensohn **Elger zu Hohenstein** (1180–1242) als Jüngstgeborener dem geistlichen Leben zu. Anfang des 13. Jh. kam er nach Paris und schloss sich dort den Dominikanern an. Der Ordensobere sandte ihn und drei weitere Brüder später nach Erfurt, wo sie mit dem Bau eines Gotteshauses begannen.

Die Predigerkirche wirkt zwar wie aus einem Guss, allerdings erstreckte sich ihre Bauzeit über fast 200 Jahre. Die 1450 fertig gestellte Hallenkirche war der erste rein gotische Bau in Thüringen und gilt heute als herausragendes Beispiel des **Bettelordenstils.** Während die Klostergebäude weitestgehend verloren gingen, kam der Kirchenbau relativ unbeschädigt durch die Zeiten.

Der Theologe **Meister Eckhart** (1260–1328) stammte aus Thüringen und hielt sich um 1300 hauptsächlich in Erfurt auf. Die Predigerkirche ist der einzige Ort, an dem er gewirkt hat, der erhalten geblieben ist. Sein Einfluss auf das geistliche Leben im deutschen Sprachraum, insbesondere auf die Mystik, kann nicht hoch genug eingeschätzt werden.

› Predigerstr. 4, Tel. 0361 5626214, www.predigerkirche.de, April–Okt. Di.–Sa. 11–16, So. 12–16 Uhr

25 Domberg mit Dom St. Marien und Severikirche ★★★ [S. 144]

Auf einer Erhebung am Rande der Altstadt lockt ein eindrucksvolles Kirchenensemble, das längst zum Wahrzeichen der Stadt geworden ist.

Wer die **70 Stufen zum Domberg** hinaufsteigt, wird schon auf dem Weg feststellen, dass St. Marien nicht nur größere Dimensionen als St. Severi aufweist, sondern auch Stützbauten, die die Errichtung des Hohen Chors überhaupt erst ermöglichten – die sogenannten **Kavaten.** Sie zeigen, dass der ursprüngliche Kirchenbau später erweitert wurde. Das erste Gotteshaus an dieser Stelle war schon im 8. Jh. erbaut worden, als Rom veranlasste, dem Missionar **Bonifatius** ein Obdach zu geben.

Das Bistum fiel bald der Mainzer Diözese zu, bis ins 19. Jh. blieb der Domberg hingegen Sitz des Kollegiatstifts St. Marien. Ein entsprechendes Kirchengebäude wurde in einer Urkunde aus dem Jahr 1117 erstmals erwähnt, der romanische Bau in der Gotik umgestaltet. Dabei wurde auch der **Mittelturm** erweitert, was bitter nötig war: Die dort hängende **„Gloriosa“** aus dem Jahr 1497 ist mit einem Gewicht von 11,45 t und einem Durchmesser von 2,56 m die größte freischwingende mittelalterliche Glocke der Welt. Die „Königin aller Glocken“ schlug bereits, als **Martin Luther** (s. S. 45) im Dom zum Priester geweiht wurde. Um sie zu schonen, wird sie nur zu besonderen Anlässen geläutet. „Wenn die Gloriosa spricht“, sagen die Erfurter, „haben alle anderen Glocken zu schweigen.“

Anders als der Dom erscheint die **Severikirche** wie aus einem Guss. Hier fällt allerdings der besondere Grundriss auf – eine fünfschiffige, in der Frühgotik erbaute Hallenkirche muss man in Deutschland lange suchen. Zunächst befand sich an dieser Stelle etwa ab dem 9. Jh. ein Nonnenkloster der Benediktiner, später eine Stiftsherren-Gemeinschaft. Es gab einen romanischen Vorgängerbau, die heutige Kirche entstand dann sukzessive ab dem 13. Jh. Von besonderer Bedeutung ist der im südlichen Seitenschiff aufgestellte **Severisarkophag,** der in etwa aus dieser Zeit stammt und den damaligen Stand der Bildhauerkunst zeigt. Die Reliquien des **hl. Severus von Ravenna** (gestorben um 344) waren 836 ins Erfurter Kloster überführt worden und gaben der zweiten Kirche auf dem Domberg ihren Namen.

› Domstufen 1, Tel. 0361 6461265, www.domberg-erfurt.de

› **Dom St. Marien und St. Severi,** Mai–Okt. Mo.–Sa. 9.30–18, So. 13–18 Uhr, Nov.–April Mo.–Sa. 10–17, So. 13–17 Uhr

036mt-db

Gotteshaus auf Stelzen: der Erfurter Dom St. Marien 25

037mt-db

26 Zitadelle Petersberg ★★★ [S. 144]

Die Zitadelle zählt zu den besterhaltenen Stadtfestungen auf dem Kontinent. Dass sie Erfurt vor Bedrohungen schützen sollte, scheint sich von selbst zu verstehen – doch ursprünglich war sie aus einem anderen Grund errichtet worden.

Wer heute den Aufstieg zu Fuß auf dem **barrierefreien Panoramaweg** auf sich nimmt oder in den **Panoramaaufzug** steigt, der wird mit einem **tollen Rundumblick** belohnt. Die Erhebung war wie geschaffen für einen repräsentativen Bau, doch lag sie ursprünglich vor den Toren der Stadt. Bereits unter den Franken war dort im 8. Jh. eine **Königspfalz** erbaut worden, also eine Residenz für den König, wenn er auf Reisen war. Diese sollte einen Abschnitt der **Via Regia** (s. S. 39) schützen.

Formal gehörte die Stadt ab dem 8. Jh. zum **Erzbistum Mainz.** Nach dem Dreißigjährigen Krieg zog ein Heer aus kurmainzischen und französischen Truppen gegen Erfurt, das die Ergebnisse des Westfälischen Friedens nicht akzeptieren wollte. Um die Stadt zu sichern, ließ Kurfürst Johann Philipp von Schönborn auf dem Petersberg eine Zwingburg errichten. Innerhalb der Zitadelle befand sich das Benediktinerkloster St. Peter und Paul.

Die 1702 fertiggestellte **sternförmige Verteidigungsanlage** galt als modernste der damaligen Zeit und als uneinnehmbar. Erst 100 Jahre später konnte Preußen sie an sich reißen. Nach der Niederlage in der **Schlacht bei Jena und Auerstedt** 1806 gelang einem Teil der preußischen Soldaten noch die Flucht auf den Petersberg, nur einen Tag später ergaben sich die Truppen Napoleon. Auch nach der Völkerschlacht diente der Petersberg als Rückzugsort, diesmal allerdings für die Grande Armée. Selbst als Paris bereits gefallen war, harrten in der

Das Peterstor ist der Hauptzugang zur Zitadelle

belagerten Zitadelle noch Franzosen aus. Mit dem Wiener Kongress kam sie in **preußische Hände** und wurde als eine der südlichsten Festungen des Königreichs verstärkt ausgebaut. Durch die Reichsgründung verlor der Petersberg dann seine Funktion, wurde aber bis zum Ende des Zweiten Weltkriegs noch militärisch genutzt.

Ab 1963 war das Gelände weitgehend für die Öffentlichkeit freigegeben, jedoch fehlten für eine umfangreiche Sanierung zunächst die Mittel. Dies änderte sich erst mit der **Wiedervereinigung.** Seitdem wurde der Petersberg für den **Tourismus** erschlossen, er ist aber auch Heimat öffentlicher Organisationen, etwa des Bundesarbeitsgericht, und kultureller Einrichtungen: So sind in der säkularisierten **Peterskirche** u. a. Kunstausstellungen zu sehen.

› **Besucherzentrum Petersberg,** Petersberg 3, Tel. 0361 6640170, www.petersberg-erfurt.de, tägl. 10–18 Uhr, Ausstellung im Kommandantenhaus, Eintritt: 7 €, erm. 4 €
› **Ehemalige Klosterkirche St. Peter und Paul,** Petersberg 14, Di.–So. 10–18 Uhr, Eintritt: 8 €, erm. 4 €, ab 17 Uhr 4 €

•56 [S. 144] **Stasi-Unterlagen-Archiv Erfurt,** Petersberg, Haus 19, Tel. 0361 55190, www.stasi-unterlagen-archiv.de, tägl. 9–18 Uhr, Eintritt frei. Ausstellung „Sicherungsbereich DDR" im Informations- und Dokumentationszentrum.

27 egapark ★★ [S. 144]

Vegetation statt Verteidigung: 1885 hatten die Festungsbauwerke der Stadt ihre Funktion eingebüßt. Das Gelände auf dem **Cyriaksberg** wurde nun begrünt und nach dem Ersten Weltkrieg die hiesige Zitadelle einbezogen. Die beiden Geschütztürme wurden in einen **Aussichtsturm** und eine **Sternwarte** umgewandelt. In der ehemaligen Defensionskaserne ist heute das **Deutsche Gartenbaumuseum** untergebracht.

1950 fand erstmals eine Gartenschau unter dem Motto „Erfurt blüht" statt, ab 1961 war regelmäßig die **Internationale Gartenbauausstellung der sozialistischen Länder (iga)** zugegen, die als Gegenstück zur Bundesgartenschau verstanden werden kann. Nach der Wiedervereinigung stand die iga zwar ohne Ausrichter da, das Areal aber wurde teilweise unter Denkmalschutz gestellt. Eine größere Umgestaltung erfolgte, als 2021 die **BUGA** mit dem nunmehr „egapark" genannten Gelände im Zentrum stattfand.

Etliche **Ausstellungshallen, Schauhäuser** und **Themengärten** gilt es zu entdecken, darunter das größte zusammenhängende Blumenbeet Europas. Dass **Kindern** nicht langweilig wird, liegt am großen **Spielbereich samt Wasserstrecke** – kein anderer Spielplatz in Thüringen ist größer.

Der ehemals südliche Geschützturm der Cyriaksburg im egapark

- **Anfahrt:** Tram 2 bis egapark
- Gothaer Str. 38, Tel. 0361 5643737, www.egapark-erfurt.de, Di.–So. 9 Uhr bis Sonnenuntergang, Eintritt: Tageskarte April–Sept. 15 €, erm. 12 €, Schüler 5 €, Mitte–Ende März/Okt. 10 €, erm. 8 €, Schüler 3,50 €, Nov.–Mitte März 6 €, erm. 4 €, Schüler 2 €, ab 17 Uhr 5 €, erm. 3,50 €, Schüler 2 €, bis 6 Jahre frei
- **Besucherzentrum,** tägl. 9–18, im Winter bis 16 Uhr
- **Wüsten- und Urwaldhaus „Danakil“,** Mitte März–Okt. Di.–So. 9–18, Nov.–Mitte März Di.–So. 10–16 Uhr
- **Aussichtsturm,** 9–18 Uhr
- **Kinderspielplatz „GärtnerReich“,** Badesaison Mai–Aug. bis 20 Uhr
- **Deutsches Gartenbaumuseum,** Tel. 0361 223990, www.gartenbaumuseum.de, Mitte März–Okt. Di.–So. 10–18 Uhr

Weitere Attraktionen

57 Erinnerungsort Topf & Söhne, Sorbenweg 7, Tel. 0361 6551681, www.topfundsoehne.de, Di.–So. 10–18 Uhr, Eintritt frei. Das Unternehmen Topf & Söhne baute Krematoriumsöfen u. a. für das KZ Buchenwald (s. Gedenkstätte 39). Heute informieren Ausstellungen über jene dunkle Epoche.

58 [S. 144] **Gedenk- und Bildungsstätte Andreasstraße,** Andreasstr. 37a, Tel. 0361 2192120, www.stiftung-ettersberg.de, Di./Do. 12–20, Mi./Fr./Sa./So. 10–18 Uhr, Eintritt: 2 €, erm. 1 €. Von Unterdrückung über Widerstand zur Befreiung: In der ehemaligen Untersuchungshaftanstalt der Stasi wurden zwischen 1949 und 1989 ca. 5000 Menschen inhaftiert.

59 [S. 144] **Naturkundemuseum Erfurt**, Große Arche 14, Tel. 0361 6555680, www.naturkundemuseum-erfurt.de, Di.–So. 10–18 Uhr, Eintritt: 6 €, erm. 4 €, bis 5 Jahre frei. Einblicke in die Natur Thüringens, präsentiert in einem restaurierten Waidspeicher.

Infos und Reisetipps

60 [S. 144] **Erfurt Tourist Information,** Benediktsplatz 1, Tel. 0361 66400, www.erfurt-tourismus.de, Mo.–Sa. 10–18, So. 10–15 Uhr

61 [S. 144] **360Grad Thüringen Digital Entdecken,** Willy-Brandt-Platz 1, Tel. 0361 37420, https://360grad.thueringen-entdecken.de, Mo.–Fr. 9.30–17, Sa./So. 10–16 Uhr

- **Erfurt App:** Überblick über Veranstaltungen, Museen u. v. m. (kostenlos für Android und iOS)
- **Erfurt mobil:** Fahrplan- und Ticket-App der Verkehrsbetriebe (kostenlos für Android und iOS)
- **www.erfurt-web.de:** exzellente Erfurt-Enzyklopädie
- **ErfurtCard:** Die Gästekarte gewährt für 48 Std. zum Preis von 14,90 € freien Eintritt in städtischen Museen und der Alten Synagoge 21 sowie weitere Ermäßigungen. Mit der **ErfurtTravelCard** (21,90 €) kommt die freie Fahrt im ÖPNV hinzu. Infos und Bestellung: www.erfurt-tourismus.de/shop/erfurtcard.

Essen und Trinken

62 [S. 144] **Café Füchsen,** Hütergasse 13, Tel. 0361 6441448, tägl. 9–22 Uhr. Große Frühstücksauswahl, hausgebackene Kuchen und leichte Speisen.

63 [S. 144] **EAT** €, Pilse 7, Tel. 0361 51876679, www.eat-erfurt.de, Di.–Sa. 11–21 Uhr. Mit schmackhaftem Streetfood von Fritten über Tacos bis zum Sandwich stillt dieses Bistro den großen und den kleinen Hunger.

64 [S. 144] **Klara Grün**, Predigerstr. 12, Tel. 0163 3032709, www.cafe-klara-gruen.de, Mo.–Sa. 12–18 Uhr. Fairer Kaffee und vegetarisch-veganer Kuchengenuss abseits des Trubels? Na klar, in diesem Café an der Predigerkirche!

65 [S. 144] **Kurhaus Simone,** Wenigemarkt 21, Tel. 0361 55066833, www.

kurhaus-simone.de, Mo.–Fr. 8–23, Sa./So. 9–23 Uhr. Auf fünf Etagen lädt die „Simone" zum Blick auf den Wenigemarkt ein. Dazu gibt es Frühstück, Kaffeespezialitäten und täglich frischen Blechkuchen. Abends Barbetrieb.

66 [S. 144] **Nerly,** Marktstr. 6, Tel. 0361 41778339, www.nerlyerfurt.de, Mo.–Sa. ab 17 Uhr. Café, Restaurant, Bar – hier gibt's das alles unter einem Dach.

67 [S. 144] **Viba Confiserie-Café,** Predigerstr. 1, Tel. 0361 26267930, www.viba-erfurt.de, Mo.–Sa. 9–17 Uhr. Konditorei und Café mit Nougatschwerpunkt.

Einkaufen

68 [S. 144] **Born Senfladen,** Wenigemarkt 11, www.born-feinkost.de, Mo.–Fr. 10–18, Sa. 10–16 Uhr. Senf und Feinkost aus Thüringen, Traditionsbetrieb seit 1820.

69 [S. 144] **Erfurter Blau,** Krämerbrücke 2, www.erfurterblau.de, Mo.–Fr. 14–18, Sa. 11–15 Uhr. Manufaktur mit Fokus auf der Verarbeitung von Färberwaid (s. S. 126).

70 [S. 144] **Goldhelm Schokoladen Manufaktur,** Kreuzgasse 5, www.goldhelm-schokolade.de, So.–Do. 12–18, Fr./Sa. 10–18 Uhr. Handgemachte Schokoladen nach eigenen Rezepturen.

71 [S. 144] **Handwerkskunst Dürerhaus,** Schlösserstr. 38, www.duererhaus-erfurt.de, Mo.–Sa. 10–18 Uhr. Zwei Manufakturen unter einem Dach: Im Schmuck-Atelier und in der Blaudruck-Werkstatt entstehen Augenweiden.

72 Heimathafen – Erfurter Braumanufaktur, Zum Güterbahnhof 20, www.heimathafen-bier.de, Werksverkauf Mi. 16–19 Uhr und verkaufsoffene Sa. (s. Website). Großer Bahnhof für gutes, naturbelassenes Bier. Eine der beliebtesten Kleinbrauereien des Landes.

73 [S. 144] **Mrs. Hippie**, Regierungsstr. 71, https://mrs.hippie.de, Mo.–Fr. 10–19.30, Sa. 10–17 Uhr. Mode mit jeder Menge Spirit, fair und nachhaltig in der EU produziert.

Unterhaltung, Nachtleben

74 [S. 144] **Franz Mehlhose,** Löberstr. 12, www.franz-mehlhose.de, Di.–Fr. 15–21, Sa. 13–21, So. 13–19 Uhr. Gemütliches Club-Café mit mehrfach ausgezeichnetem Kulturprogramm.

75 Kalif Storch, Zum Güterbahnhof 20, www.kalifstorch.com. Alternativer Club und Konzertlocation auf dem Gelände des Kulturbahnhofs Zughafen.

76 [S. 144] **Theater Erfurt,** Theaterplatz 1, Tel. 0361 2233155, www.theater-erfurt.de. Anspruchsvolles Musiktheater mit dem Philharmonischen Orchester Erfurt.

77 [S. 144] **Theater Waidspeicher,** Domplatz 18, Tel. 0361 5982924, www.waidspeicher.de. Professionelles Ensemble-Puppentheater für Kinder, Jugendliche und Erwachsene.

039mt-db

Geschäftiges Treiben auf der Krämerbrücke 19

㉘ Weimar ★★★ [F5]

Die viertgrößte Stadt Thüringens hat Epochen geprägt, zahlreiche Sehenswürdigkeiten geben davon ein beredtes Zeugnis. Doch wurde Weimar aufgrund seiner kulturellen Bedeutung auch immer wieder national vereinnahmt, wovon Bezeichnungen wie „Musenhügel" oder „Ilm-Athen" eine Ahnung geben.

Weimar wurde in Jahr 899 erstmals erwähnt, der **Name** bedeutet in etwa „Heilige Quelle". Im **Mittelalter** war die gleichnamige Grafschaft eine einflussreiche Kraft in der Region, die sich im Zuge des Thüringer Grafenkriegs allerdings dem Haus Wettin unterordnen musste. Ohnehin bereits in der Hand der Ernestiner, stieg Weimar nach den Gebietsverlusten infolge des Schmalkaldischen Kriegs Mitte des 16. Jh. zur **Residenzstadt** auf.

Unter der kunstsinnigen **Herzogin Anna Amalia** (1739–1807) bzw. ihrem Sohn **Carl August** (1757–1828) erlebte Weimar um 1800 eine kulturelle Blüte, die heute als **„Goldenes Zeitalter"** bezeichnet wird. Wieland, Goethe, Herder, Schiller und viele weitere Persönlichkeiten der Epoche waren am Hof zugegen.

Das **„Silberne Zeitalter"** wurde von der Großherzogin **Maria Pawlowna** (1786–1859), Frau von Großherzog Carl Friedrich, initiiert, der es gelang, den österreichisch-ungarischen Komponisten **Franz Liszt** (1811–1886) als Hofkapellmeister nach Weimar zu holen, wodurch die Stadt zu einem bedeutenden Standort der europäischen Musikgeschichte aufstieg.

Weimar bestimmte nicht nur die deutsche Klassik, die Stadt setzte auch Maßstäbe für die **Moderne.** Die Bemühungen im 20. Jh., erneut zeitgenössische Künstler an die Ilm zu locken, werden heute unter dem Begriff **„Neues Weimar"** zusammengefasst. Wichtigste Figur in diesem Zusammenhang war **Harry Graf Kessler** (1868–1937), der u. a. Henry van de Velde (s. S. 84) in die Stadt holte. Der belgische Architekt baute ab 1904 eine Kunstgewerbeschule auf, aus der das **Bauhaus** hervorgehen sollte.

1918 dankten Kaiser und Großherzog ab, der Adel musste seine Vorrechte abtreten, die Republik wurde ausgerufen. Aufgrund der aufgeheizten Lage in Berlin fand die verfassungsgebende Nationalversammlung in Thüringen statt. Der Tagungsort wurde bezeichnend für die gesamte Epoche. Die **Weimarer Republik** endete mit der Machtergreifung der Nazis.

Bereits zuvor hatten sich die politischen Auseinandersetzungen in der Stadt zugespitzt. Als vermeintlicher Fixpunkt einer „deutschen" Kulturgeschichte war Weimar besonders umkämpft. 1930 kam hier die erste Landesregierung mit NSDAP-Beteiligung zustande. Von den Umgestaltungsmaßnahmen im **Dritten Reich** sind der Neubau des Hotels Elephant am Markt ㉞ und das Gauforum (www.gauforum.de) besonders bekannt. Währenddessen wurden im nahen **KZ Buchenwald** (heute Gedenkstätte ㊴) mehr als eine Viertelmillion Häftlinge interniert.

Unter **sowjetischer Besatzung** verlor Weimar zunächst den Status als Regierungssitz an Erfurt ⑰ und wurde 1952 in den Bezirk Erfurt eingegliedert. 1999 stand Weimar jedoch wieder im Mittelpunkt – als **Kulturhauptstadt Europas.** Zuvor waren das Bauhaus und – unter dem Sammelbegriff „Klassisches Weimar" – weitere Gedenkstätten in die **Welterbeliste der UNESCO** aufgenommen worden.

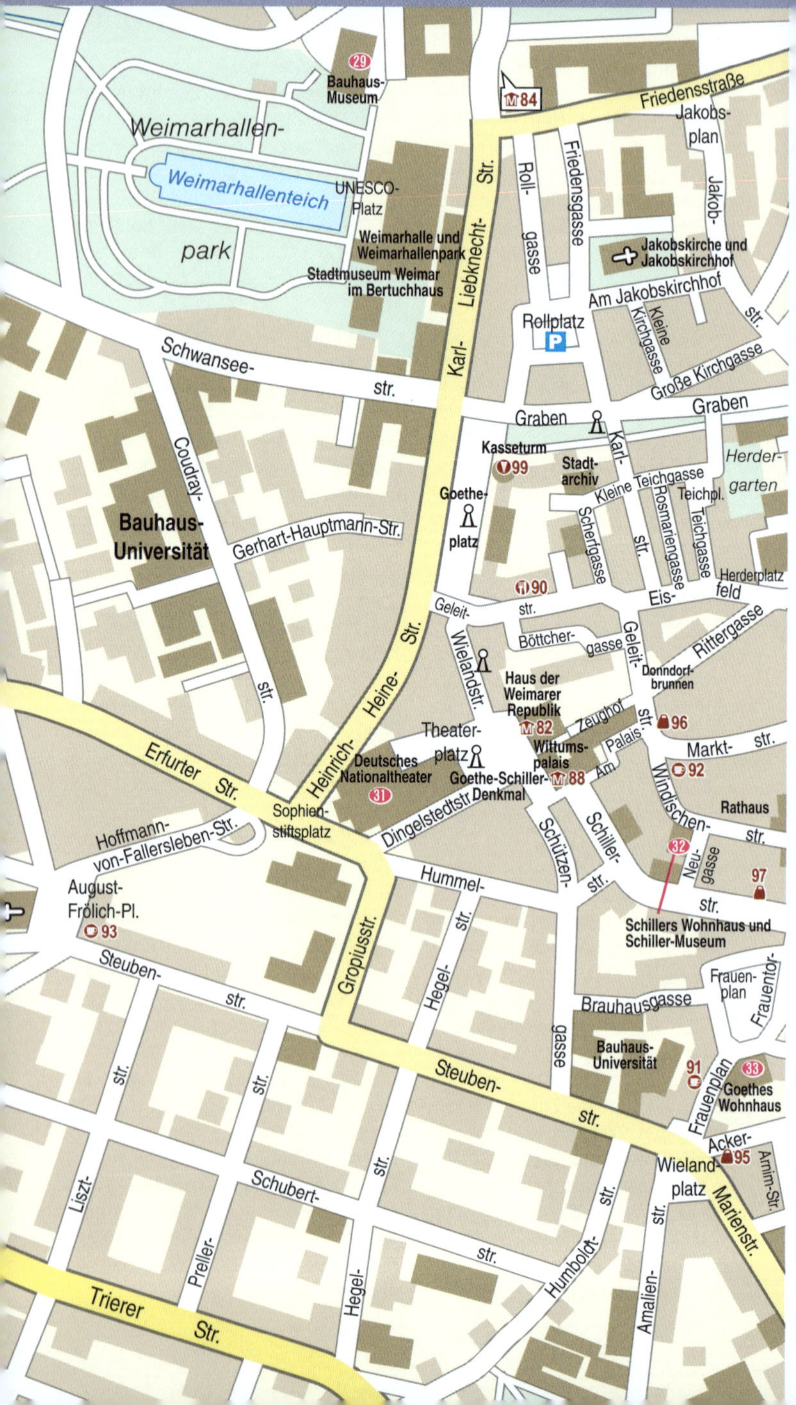
1 cm = 60 m
100 m
Bauhaus-Museum
29
M 84
Friedensstraße
Jakobsplan
Weimarhallenpark
Weimarhallenteich
UNESCO-Platz
Weimarhalle und Weimarhallenpark
Stadtmuseum Weimar im Bertuchhaus
Karl-Liebknecht-Str.
Rollgasse
Friedensgasse
Jakobstr.
Jakobskirche und Jakobskirchhof
Am Jakobskirchhof
Rollplatz
P
Kleine Kirchgasse
Große Kirchgasse
Schwanseestr.
Graben
Kasseturm
99
Stadtarchiv
Karl-
Herdergarten
Goetheplatz
Kleine Teichgasse
Teichpl.
Coudraystr.
Bauhaus-Universität
Gerhart-Hauptmann-Str.
Scherfgasse
Rosmariengasse
Teichgasse
Herderplatz
90
Eisfeld
Geleitstr.
Böttchergasse
Wielandstr.
Rittergasse
Donndorfbrunnen
Haus der Weimarer Republik
M 82
Zeughof
96
Heinrich-Heine-Str.
Theaterplatz
Wittumspalais
Am Palais
Marktstr.
Erfurter Str.
Deutsches Nationaltheater
31
Goethe-Schiller-Denkmal
M 88
92
Windischenstr.
Rathaus
Sophienstiftsplatz
Dingelstedtstr.
Schützengasse
Schillerstr.
32
Neugasse
Hoffmann-von-Fallersleben-Str.
Hummelstr.
97
August-Frölich-Pl.
93
Gropiusstr.
Hegelstr.
Schillers Wohnhaus und Schiller-Museum
Steubenstr.
Frauenplan
Frauentor-
Brauhausgasse
Bauhaus-Universität
91
33
Goethes Wohnhaus
Acker-
95
Wielandplatz
Arnim-Str.
Lisztstr.
Schubertstr.
Humboldtstr.
Amalienstr.
Marienstr.
Prellerstr.
Trierer Str.

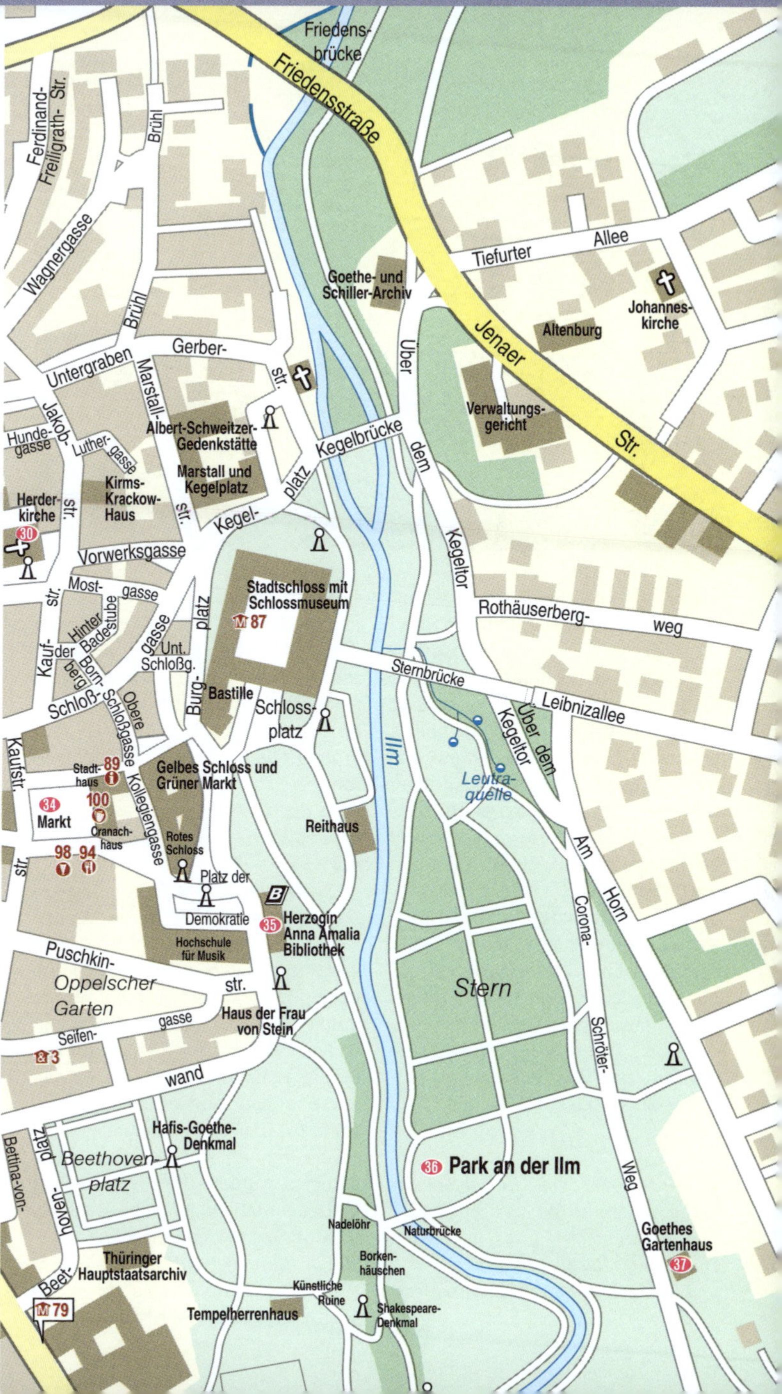
Friedensbrücke
Friedensstraße
Ferdinand-Freiligrath-Str.
Brühl
Wagnergasse
Tiefurter Allee
Goethe- und Schiller-Archiv
Johanneskirche
Altenburg
Jenaer Str.
Über dem Kegeltor
Verwaltungsgericht
Gerberstr.
Untergraben
Marstallstr.
Jakobstr.
Hundegasse
Luthergasse
Albert-Schweitzer-Gedenkstätte
Marstall und Kegelplatz
Kegelbrücke
Kegelplatz
Kirms-Krackow-Haus
Herderkirche
30
Vorwerksgasse
Mostgasse
Hinter der Badestube
Kaufstr.
Stadtschloss mit Schlossmuseum
87
Rothäuserbergweg
Burgplatz
Unt. Schloßg.
Kegeltor
Born
Sternbrücke
Leibnizallee
Schloßberg
Obere Schloßgasse
Bastille
Schlossplatz
Ilm
Burgplatz
Stadthaus
89
100
34
Markt
Gelbes Schloss und Grüner Markt
Kollegiengasse
Leutraquelle
Reithaus
Cranachhaus
98
94
Rotes Schloss
Platz der Demokratie
Am Horn
Herzogin Anna Amalia Bibliothek
35
Hochschule für Musik
Corona-Schröter-Weg
Puschkinstr.
Oppelscher Garten
Stern
Haus der Frau von Stein
Seifengasse
3
Wand
Hafis-Goethe-Denkmal
Beethovenplatz
Bettina-von-Arnim-Str.
36
Park an der Ilm
Thüringer Hauptstaatsarchiv
Nadelöhr
Naturbrücke
Goethes Gartenhaus
37
Borkenhäuschen
Künstliche Ruine
Shakespeare-Denkmal
Tempelherrenhaus
79

046mt-db

Wer nun allerdings ein begehbares Museum erwartet, der wird überrascht sein: Zwar besitzt Weimar ein klar abgegrenztes Zentrum – „Kernstadt“ genannt –, in dem sich fast alle wichtigen Sehenswürdigkeiten befinden und um das sich die weiteren Ortsteile konzentrisch anordnen. Die Stadt hat allerdings ein für ostdeutsche Verhältnisse vergleichsweise geringes Durchschnittsalter und die **Universität** lockt zahllose internationale Studierende an. In den Gassen des kulturell gesegneten Städtchens lässt sich mehr entdecken als nur Geschichte. Oder wie Goethe es einmal ausdrückte: „Spiel und Tanz, Gespräch, Theater,/Sie erfrischen unser Blut;/Laßt den Wienern ihren Prater;/Weimar, Jena, da ists gut!“

Das Herz der Stadt: der lebhafte Weimarer Markt (34)

Ensemble Bastille: Torhaus, Turm und Hofdamenhaus am Stadtschloss

(29) Bauhaus-Museum ★★★ [S. 54]

„Das Endziel aller bildnerischen Tätigkeit ist der Bau! [...] Architekten, Bildhauer, Maler, wir alle müssen zum Handwerk zurück!“ Als Walter Gropius (1883–1969) das *„Programm des Staatlichen Bauhauses“ formulierte, konnte er nicht ahnen, dass die darin festgehaltenen Ideen bis in die Gegenwart Wirkung zeigen würden.*

Das **Bauhaus** entstand im Zuge einer Umstrukturierung der städtischen Künstlerausbildung. Die Gründung 1919 wurde insbesondere durch den belgischen Architekten **Henry van de Velde** (s. S. 84) bestimmt. Er war es auch, der **Gropius als Direktor** vorschlug. Kunst und Handwerk wurden am Bauhaus radikal zusammengeführt. Die Bauhütte, in der im Mittelalter die unterschiedlichen Gewerke versammelt wurden, um die Errichtung gotischer Kathedralen zu bewerkstelligen, wurde zur idealtypischen Organisationsform erklärt. Allerdings gingen gerade aus dem, was als Absage an die Normen der maschinellen Produktion gedacht war, die Leitlinien des Industriedesigns hervor.

„Wie werden wir wohnen, wie werden wir siedeln, welche Formen des Gemeinwesens wollen wir erstreben?", fragte Gropius in einer Rede, die er anlässlich der Stuttgarter Bauausstellung 1924 hielt. Die Antwort darauf hatte das Bauhaus bereits im Jahr zuvor mit dem **Haus Am Horn** (s. S. 67) gegeben.

Gropius lockte u. a. den Deutsch-Amerikaner **Lyonel Feininger, Paul Klee** aus der Schweiz und **Wassily Kandinsky** aus Russland an die Ilm. Die Schüler kamen zu einem Drittel aus dem Ausland. Der internationale Ansatz, die progressive Ausrichtung und die revolutionäre Denkweise waren konservativen Kräften ein Dorn im Auge. 1924 wurde der Schule der Etat um 50 % gekürzt – die Landesregierung hatte sich mit Stimmen der Nazis wählen lassen.

Das Bauhaus siedelte im Jahr darauf nach **Dessau** um und Gropius ließ gerichtlich festlegen, dass der Name „Bauhaus" in Thüringen nicht weiter verwendet werden durfte. Am neuen Standort konzentrierte sich die Arbeit auf die Architektur. Besonders einflussreich wurde der Direktor **Ludwig Mies van der Rohe** (1886–1969). Das Ende des Bauhauses Dessau kam 1931, als die NSDAP die dortige Gemeindewahl für sich entschied. Mies van der Rohes Plan, die Schule als Privatinstitution in Berlin fortzuführen, scheiterte 1933.

Die **Klassik Stiftung** verfügt mit der Gropius-Sammlung über den ältesten Bauhaus-Bestand überhaupt. Zum hundertjährigen Jubiläum im Jahr 2019 wurde beim Weimarhallenpark ein neues **Museum** eingeweiht. Es versteht sich von selbst, dass der Bau mit seiner minimalistischen Architektur, der Betonfassade und den klaren Linien in der Tradition einer Kunstschule steht, deren Fragestellungen und Auffassungen bis in die Gegenwart nachwirken.

Im zugehörigen **Café Kunstpause** kann man eine ebensolche einlegen.

› Stéphane-Hessel-Platz 1, Tel. 03643 545400, www.klassik-stiftung.de/bauhaus-museum-weimar, Mi.–Mo. 9.30–18 Uhr, Eintritt: 10 €, erm. 7 €, Schüler 4 €, bis 15 Jahre frei

› **Café Kunstpause,** www.montag-bauhaus.de, tägl. 10–18.30 Uhr

30 Herderkirche ★ [S. 54]

„Kunst kommt von Können" – gehört hat das geflügelte Wort beinahe jeder, den wenigsten ist jedoch bewusst, dass es von **Johann Gottfried Herder** (1744–1803) stammt. Er gehörte zum sog. **Weimarer Vier-**

041mt-db

gestirn und kam auf Betreiben Goethes in die Stadt. Auf dessen Rat hin ernannte ihn Herzog Carl August zum Oberhofprediger, Oberkonsistorialrat, Generalsuperintendenten und Pastor der **Stadtkirche St. Peter und Paul,** die deshalb heute auch als Herderkirche bezeichnet wird.

Die spätgotische Hallenkirche geht auf das Jahr 1500 zurück. **Luther** (s. S. 45) predigte wiederholt im Gotteshaus, **Bach** (s. S. 93) musizierte mehrmals auf der Orgel und ließ hier zwei Söhne taufen. 1949 spendete **Thomas Mann** das Preisgeld des an ihn verliehenen Goethe-Preises, um das im Krieg getroffene Dach wiederherstellen zu lassen. Von besonderem Interesse im Inneren ist der 1552 von **Lucas Cranach d. J.** geschaffene **Flügelaltar,** eines der wichtigsten Zeugnisse der sächsisch-thüringischen Kunst der Reformationszeit.

› Herderplatz, www.weimar-evangelisch.de, April–Okt. Mo.–Sa. 10–18, So. 11–12 u. 14–16, Nov.–März Mo.–Fr. 10–12 u. 14–16, Sa. 10–12 u. 14–17, So. 11–12 und 14–16 Uhr

31 Deutsches Nationaltheater ★★★ [S. 54]

Die Bretter, die die Welt bedeuten: Das Weimarer Theater war seit seinem Bestehen nicht nur Fixpunkt des deutschsprachigen Schauspiels, es wurde auch immer wieder von politischen Kräften als Bühne genutzt.

„Dem Dichterpaar Goethe und Schiller – das Vaterland." Das berühmte **Doppelstandbild aus Bronze** vor dem ehemaligen Hoftheater ist längst zu einem Wahrzeichen der Stadt geworden und hat das gängige Bild der Geistesgrößen als „Nationaldichter" maßgeblich beeinflusst. Seite an Seite voranschreitend werden sie gezeigt, auf Augenhöhe, der Ältere reicht den Lorbeerkranz an den Jüngeren weiter. In Wirklichkeit war **Schiller** (s. S. 60) etwa 10 cm größer als **Goethe** (s. S. 61), das Verhältnis lange Zeit von Konkurrenz bestimmt. Viele Jahre brauchte es, bis die Verbindung entstand, die Goethe nach Schillers Tod konstatieren ließ: „Ich dachte mich selbst zu verlieren." Die Eiche hinter ihren Füßen signalisiert einerseits die Robustheit der Beziehung, andererseits wird der idealisierte Dichterbund für den Nationalstaat reklamiert. Das Denkmal wurde 1857 eingeweiht. Im Publikum befand sich auch **Hans Christian Andersen,** der einen weißen Schmetterling gesehen haben will, der sich nicht entscheiden konnte, auf welchem Dichterhaupt er landen sollte.

Bereits vor dem Bau des Theaters waren an der Ilm Stücke zu sehen. 1696 ließ **Herzog Wilhelm Ernst** im Stadtschloss (s. S. 68) einen Opernsaal einrichten, zudem wurden zur Erheiterung ziehende Komödianten eingeladen. Im 18. Jh. gelang es der kunstsinnigen Herzogin **Anna Amalia,** die **Seylersche Schauspiel-Gesellschaft** zu gewinnen, eine Wanderbühne mit großem Renommee, der u. a. Ekhof (s. S. 35) und Wieland (s. S. 69) angehörten.

Nach einem Schlossbrand musste die Truppe weiterziehen, ein Kreis von Theaterliebhabern, dem auch Goethe angehörte, blieb jedoch zusammen. Die Aufführungen fanden an verschiedenen Stätten statt, bis **Herzog Carl August** dem Hoftheater schließlich das wenige Jahre zuvor errichtete Komödienhaus gegenüber dem Wittumspalais (s. S. 68) zur Verfügung stellte.

Goethe stellte ein Ensemble zusammen, das nach seinen „Regeln

für Schauspieler" klassische Dramen inszenierte. Auch das Haus selbst gestaltete Goethe neu. Caroline Schlegel berichtete, er habe es „in ein freundliches glänzendes Feenschlösschen verwandelt". Nach seinem Umzug nach Weimar wirkte auch Schiller am Hoftheater. Mit der Uraufführung der „Wallenstein"-Trilogie machte er sich als Dramatiker einen Namen. „Gegen das neue Theater", lobte der Dichter Jean Paul, „sind die anderen deutschen nur Kulissen."

Auf die Epoche Goethe folgte die „Ära der Musik": **Maria Pawlowna** (s. S. 53) bewegte den Ausnahmepianisten **Johann Nepomuk Hummel** (1778–1837) dazu, als **Kapellmeister** anzuheuern. Ihm folgten u. a. Franz Liszt (s. S. 53) und Richard Strauss. Auch mit ihren Namen wird heute das **„Silberne Zeitalter der Tonkunst"** in Verbindung gebracht.

Um 1900 gab es Bestrebungen, Weimar zum **„Bayreuth für dramatische Literatur"** zu machen. Harry Graf Kessler (s. S. 53) und Henry van de Velde (s. S. 84) hatten bereits Entwürfe für ein „Mustertheater" vorgelegt, an dem die besten Schauspieler des Landes auftreten sollten. Die Pläne wurden jedoch vereitelt, stattdessen ein Neubau errichtet, der die Anforderungen der Moderne erfüllte und im Rahmen eines Staatsakts eingeweiht wurde. In der Folge langweilte das Haus mit einem konservativen Spielplan, wurde allerdings zum Mekka des Bildungsbürgertums. Revolutionäres musste die Politik auf den Weg bringen: 1918 wurde nach einem Ort gesucht, an dem die **verfassunggebende Deutsche Nationalversammlung** tagen konnten. Da in Berlin Straßenkämpfe tobten, fiel die Wahl auf Thüringen.

Als **Gründungsort der Weimarer Republik** wurde das DNT später immer wieder zur Bühne politischer Gefechte. Die NSDAP hielt regelmäßig Par-

Goethe-Schiller-Denkmal auf dem Theaterplatz vor dem Nationaltheater

teiveranstaltungen im Haus ab, mit Eintritt in die Landesregierung 1930 wurde ein „judenfreies Theater" gefordert. Selbst zu **Kriegszeiten** wurden noch große Summen für die Sanierung bereitgestellt. Wie allen anderen Theater des Reiches wurde auch das DNT im Herbst 1944 geschlossen und im Anschluss zu einer Produktionsstätte der Firma Siemens & Halske.

Die **Wiedereröffnung** erfolgte 1948 mit einer „Faust"-Inszenierung. Im Jahr darauf wurde **Thomas Mann** der Goethe-Preis verliehen, den dieser in der Hoffnung annahm, dass „aus den Nöten dieser Übergangszeit ein neuer Humanismus hervorgehen möge". Auch in der **DDR** wurde das Nationaltheater symbolisch in Anspruch genommen. Dessen Aufgabe bestand nun darin, „von der sozialistischen Gesellschaftspraxis als dem geistigen Maßstab der Menschheitsentwicklung" ein Bild zu geben. Während einer grundlegenden Sanierung 1973–1975 erhielt das Gebäude seine heutige Gestalt.

Es versteht sich fast von selbst, dass nach der Wiedervereinigung die erste Sitzung des Thüringer Landtags im DNT abgehalten wurde. Heute ist es ein vollwertiges **Drei-Sparten-Theater**, das mit der **Staatskapelle Weimar** einen der traditionsreichsten Klangkörper weltweit zu bieten hat.

› Theaterplatz 2, Tel. 03643 755334, www.nationaltheater-weimar.de

32 Schillers Wohnhaus und Schiller-Museum ★★★ [S. 54]

Schillers Jahre im Haus an der „Esplanade", einer Wandelallee, die auf den Resten der Stadtbefestigung entstand, waren von großen Erfolgen geprägt, standen jedoch unter keinem guten Stern.

Friedrich Schiller (1759–1895) war bereits 1799 mit seiner Familie nach Weimar gekommen, hatte aber in der ersten Mietwohnung in der Windischengasse nicht die nötige Ruhe gefunden. „Ich habe dieser Tage endlich einen alten Wunsch realisiert, ein eigenes Haus zu besitzen", schrieb er am 10. Februar 1802 an den Verleger Göschen. „Denn ich habe nun alle Gedanken an das Wegziehen von Weimar aufgegeben und denke hier zu leben und zu sterben." Am Tag des Einzugs starb zunächst Schillers Mutter. Und auch er selbst sollte nicht lange Freude daran haben.

Zunächst aber ließ der Dichter das Haus aufwendig renovieren. „Ich freue mich sehr des Besitzes, weil die Lage meinen Augen wohlthätig ist, und ich immer wie in einer Laube sitze", schrieb **Charlotte von Schiller** in einem Brief. „Auch für die Kinder ist es sehr freundlich und für eine Wohnung in der Stadt hat sie alles Angenehme eines Gartenhauses, weil die Esplanade unser Garten ist."

Gemeinsam mit Goethe wirkte Schiller an der Weimarer Bühne, dem heutigen Deutschen Nationaltheater 31. Im Schillerhaus schloss er die Arbeiten an den Dramen **„Die Braut von Messina"** und **„Wilhelm Tell"** ab. Doch bereits am 9. Mai 1805 erlag er den Folgen einer Lungenentzündung.

1847 gelang es der Stadt, das Grundstück zu erstehen und die **erste deutsche Literaturgedenkstätte** überhaupt einzurichten. Besondere Ansprüche können Schiller nicht nachgesagt werden: „Mein notwendiger Hausrat besteht aus guter Kommode, dem Schreibtisch, dem Bett und dem Sopha, dann dem Tisch und einigen Sesseln", notierte er einmal. „Hab' ich dieses, so brauche ich zu meiner Bequemlichkeit nichts mehr."

Einige der Originalmöbel sind heute im Schillerhaus zu sehen. In den 1980er-Jahren wurde das Wohnhaus um einen **Neubau** ergänzt, der heute das **Schiller-Museum** birgt. Hier werden Ausstellungen zum Leben und Werk des Dichters gezeigt.

› Schillerstr. 12, Tel. 03643 545400, www.klassik-stiftung.de/schillers-wohnhaus, Mitte März–Okt. Di.–So. 9.30–18, Nov.–Mitte März Di.–So. 9.30–16 Uhr, Eintritt: 8 €, erm. 6 €, Schüler 3 €, bis 15 Jahre frei

33 Goethes Wohnhaus und Goethe-Nationalmuseum ★★★ [S. 54]

„Des Menschen Wohnung ist sein halbes Leben," schrieb Goethe 1795. Mehr als die Hälfte seines Daseins verbrachte der Dichter in diesem Haus am Frauenplan, das heute das Goethe-Nationalmuseum beherbergt.

Nachdem das Gartenhaus 37 im Park an der Ilm 36 für **Johann Wolfgang von Goethe** (1749–1832) zu klein geworden war, bezog er 1782 eine Hälfte des im Barockstil errichteten Hauses in der außerhalb der mittelalterlichen Stadtmauer gelegenen Frauenvorstadt.

Nach seiner ersten Italienreise lernte er die in ärmlichen Verhältnissen aufgewachsene **Christiane Vulpius** (1765–1816) kennen. Als die junge Frau ein Kind von ihm erwartete, wollte Goethe sie bei sich aufnehmen. Da die nicht standesgemäße Verbindung jedoch am Hof für Empörung sorgte, bat Carl August ihn, davon Abstand zu nehmen. Goethe mietete sodann zusätzlich das Jagdhaus in der Marienstraße an. 1792 übernahm die Herzogliche Kammer das Haus am Frauenplan und stellte es dem Staatsbediensteten als **Dienstwohnung** zur Verfügung. Sofort ließ er das Domizil nach italienischem Vorbild verändern.

043mt-db

Am Abend des 14. Oktober 1806, dem Tag der **Schlacht bei Jena und Auerstedt**, drangen Soldaten ins Haus ein. Christiane trat den Franzosen energisch entgegen und Goethe heiratete sie wenige Tage darauf, nach 18 Jahren wilder Ehe. Im Anschluss konnte das Paar am Frauenplan zusammenleben und Herzog Carl August übereignete seinem Geheimrat das Haus auch schriftlich. Goethe sollte seine Frau um fast 16 Jahre überleben – in dieser Zeit wurde seine Schwiegertochter Ottilie, die ihn bald „Vater" nannte, zur wichtigsten Bezugsperson.

1885 vermachte Walther von Goethe als letzter Nachfahre das Haus und die Sammlungen dem Großher-

⌃ *„Mir schlug das Herz geschwind zu Pferde": zu Hause bei Goethe*

zogtum Sachsen-Weimar-Eisenach. Bereits im Jahr darauf wurde ein **Museum** eröffnet. Zu sehen sind **Wohn- und Arbeitsräume** des Dichters sowie der **Hausgarten** – eben die Bühne eines halben Lebens.

› Frauenplan 1, Tel. 03643 545400, www.klassik-stiftung.de/goethe-nationalmuseum, Mitte März–Okt. Di.–So. 9.30–18, Nov.–Mitte März Di.–So. 9.30–16 Uhr, Eintritt: 13 €, erm. 9 €, Schüler 4 €, bis 15 Jahre frei

34 Markt ★ [S. 54]

Wie sah wohl das Weimar aus, durch das die Protagonisten der Weimarer Klassik – Goethe, Schiller, Herder und Wieland – wandelten? Am Marktplatz kann man sich davon einen Eindruck verschaffen.

Historisch gesehen war der Platz vor der Herderkirche 30 zunächst bedeutsamer, dies änderte sich jedoch mit zunehmender Größe der Stadt. Besonders dominant ist das **Rathaus** an der Westseite des Marktes, allerdings ist der Bau vergleichsweise jung. Zwei Vorgänger fielen den Flammen zum Opfer, ein dritter Bau im neugotischen Stil stammt aus der Mitte des 19. Jh.

Wo es ein Rathaus gibt, da existiert meist auch ein **Ratskeller.** Dieser war in Weimar allerdings auf der gegenüberliegenden Seite des Platzes zu finden. Um den Ratsherren den Weg durch das Markttreiben zu ersparen, wurde ein **unterirdischer Gang** von fast 70 m Länge angelegt. Das **Stadthaus** an dessen Ende ist ein Renaissance-Bau mit markanter grün-weißer Fassade, in dem heute u. a. die **Tourist Information** (s. S. 68) untergebracht ist.

Ein weiterer Renaissance-Blickfang in unmittelbarer Nachbarschaft ist das **Cranach-Haus.** Hier verbrachte **Lucas Cranach der Ältere** (1472–1553), Hofmaler von Friedrich dem Großmütigen, sein letztes Lebensjahr. Über dem rechten Bogen ist das Familienwappen angebracht, eine geflügelte Schlange. Der Zutritt ist nur beim Besuch des **Theaters im Gewölbe** (s. S. 69) möglich.

Prägendes Bauwerk am Markt ist vor allem der **Neptunbrunnen** an der Nordseite, die älteste Brunnenanlage der Stadt. In der dahinter stehenden, einstigen **Hofapotheke** werden seit dem 16. Jh. Arzneien vertrieben. Einer der früheren Besitzer, Wilhelm Heinrich Sebastian Buchholz, war ein wichtiger Ansprechpartner Goethes, wenn es um naturwissenschaftliche Studien ging.

Bis ins 16. Jh. reicht die Geschichte des Wirtshauses **Zum Schwarzen Bären** (s. S. 68) zurück, das an der Südseite des Marktes steht.

Einer der Besitzer eröffnete 1696 direkt nebenan den Gasthof **Elephant**, heute Sitz des gleichnamigen Hotels. Dort speisten und logierten etliche Künstler und Prominente von Goethe bis Thomas Mann sowie Politiker wie Walter Ulbricht oder Angela Merkel, aber auch Himmler und **Hitler.** „Lieber Führer komm heraus, aus dem Elefantenhaus“, skandierte das Volk, wenn dieser sich mal wieder in Weimar aufhielt. Hitler persönlich hatte sich allerdings dafür eingesetzt, dass das historische Gebäude, vermeintlich wegen Einsturzgefahr, 1937 abgerissen und von dem NS-Architekten Hermann Giesler ein neues Haus entworfen wurde. Heute sind auf dem berühmten **Balkon** des Baus regelmäßig **Skulpturen** zu sehen, die bedeutende Persönlichkeiten der Region ehren, etwa Henry van de Velde (s. S. 84) oder Martin Luther (s. S. 45).

35 Herzogin Anna Amalia Bibliothek ★★★ [S. 54]

Der verheerende Brand von 2004 dezimierte die Sammlung erheblich. Dennoch ist die Bibliothek nach wie vor eine der bedeutendsten des Landes, zumal das vielleicht wichtigste Buch gerettet werden konnte.

Ab 1691 stellte **Herzog Wilhelm Ernst** seine Bücher der Öffentlichkeit zur Verfügung, zunächst im Stadtschloss (s. S. 68). Mitte des 17. Jh. wurden die Bestände ins **Grüne Schloss** überführt, so der ursprüngliche Name der Bibliothek, die 1797–1832 von **Goethe** (s. S. 61) höchstpersönlich geleitet wurde. Er machte das Haus zu einer der ersten Adressen in Deutschland.

„Denn es nimmt der Augenblick, was die Jahre geben", heißt es in einem Tischlied, das Goethe dem Komponisten Carl Friedrich Zelter zum 70. Geburtstag dichtete: Am 2. September 2004 ging der **Dachstuhl** des historischen Hauptgebäudes **in Flammen auf.** Als die Feuerwehr den Brand aufhalten konnte, waren Zehntausende Titel durch Flammen und Löschwasser zerstört oder beschädigt, der Schaden ging in die Millionen. Die **Restaurierungsarbeiten** starteten umgehend, werden sich aber wohl noch bis 2028 hinziehen.

Bereits 2007 konnte die Bibliothek wiedereröffnet werden. Architektonischer Höhepunkt ist nach wie vor der zentrale **Rokokosaal**, der von **Herzogin Anna Amalia** (s. S. 53) eingerichtet worden war. Er verfügt über drei Geschosse und fasst ca. 40.000 Bände. Insgesamt stehen mehr als eine Million Bücher zur Verfügung, wobei der Bestand vom 9. bis 21. Jh. reicht. Erwähnenswert sind etwa die umfangreichste **Faust-Sammlung** der Welt sowie die Bibliotheken der Familie von Arnim, von Franz Liszt und Nietzsche. Von besonderem Wert ist eine **Lutherbibel** aus dem Jahr 1534. Diese wurde quasi im letzten Moment gerettet und nicht zuletzt deshalb ins Weltdokumentenerbe aufgenommen.

› Platz der Demokratie 1, Tel. 03643 545400, www.klassik-stiftung.de/herzogin-anna-amalia-bibliothek
› **Rokokosaal,** Di.–So. 9.30–18 Uhr, Eintritt: 8 €, erm. 6 €, Schüler 3 €, bis 15 Jahre frei

Bücherschloss im Grünen: Blick auf das Historische Bibliotheksgebäude vom Park an der Ilm 36 aus

044mt-db

36 Park an der Ilm ★★★ [S. 54]

„Weimar ist eigentlich ein Park, in welchem eine Stadt liegt." Der Eindruck, den der Autor Adolf Stahr 1871 beschrieb, rührte wohl in erster Linie von diesem Landschaftspark her.

Die Anlagen gehen zum Teil auf das Stadtschloss (s. S. 68) zurück, das schon im 14. Jh. einen von einer Mauer eingefassten Baumgarten besaß. Ein Relikt ist das **strahlenförmige Wegenetz**, dessen Zentrum südöstlich der heutigen Sternbrücke liegt. Der Baumgarten wurde 1613 von der Thüringer Sintflut getroffen und weitgehend zerstört.

Den Anstoß zur Gestaltung eines Parks, wie er noch heute existiert, bildet **Goethes Einzug ins Gartenhaus** 37 im Jahr 1776. Der Dichter gestaltete den früheren barocken Lustgarten im Verbund mit **Herzog Carl August** komplett um, orientierte sich dabei am englischen Stil und griff auf die Formgebung des Wörlitzer Parks zurück. Es entstand eine Art begehbares Landschaftsgemälde auf 48 ha, das Erholung sowie ästhetische Anregungen bietet und in dem es einiges zu entdecken gibt.

Da ist beispielsweise die **Nadelöhr** genannte Felsentreppe nahe der Naturbrücke, die Goethe für Christiane Henriette Sophie von Laßberg anlegen ließ. Christel, wie der Dichter sie nannte, hatte im Alter von 17 Jahren wegen unerfüllter Liebe an dieser Stelle Suizid begangen, in der Tasche eine Ausgabe des „Werther".

Carl Augusts Äquivalent zu Goethes Gartenhaus war das **Römische Haus**, ein klassizistischer Bau, dessen Errichtung der von seiner ersten Italienreise inspirierte Dichter beaufsichtigt hatte. Im heutigen **Museum** ist eine Dauerausstellung über die Geschichte des Parks zu sehen.

Erhalten geblieben ist ferner das frühere Hofgärtnerhaus, allerdings überstrahlt ein späterer Bewohner die ursprüngliche Funktion. **Franz Liszt** (s. S. 53) weilte von 1869 bis zu seinem Tod 1886 regelmäßig am Rande des Ilmparks. Das **Liszt-Haus** ist heute als **Museum** zugänglich, besichtigen lassen sich u. a. der Musiksalon und das Arbeitszimmer mit Originaleinrichtung.

› Park ganzjährig frei zugänglich, www.klassik-stiftung.de/park-an-der-ilm, Tel. 03643 545400

M 78 Römisches Haus, Park an der Ilm, www.klassik-stiftung.de/roemisches-haus, Ende März–Okt. Mi.–Mo. 10–18 Uhr, Eintritt frei

M 79 [S. 54] **Liszt-Haus,** Marienstr. 17, www.klassik-stiftung.de/liszt-haus, Ende März–Okt. Mi.–Mo. 10–18 Uhr, Eintritt frei

37 Goethes Gartenhaus ★★ [S. 54]

Das erste Domizil des Dichters und Geheimrats in Weimar ist eine einzigartige Erinnerungsstätte.

„Hab ein liebes Gärtgen vorm Thore an der Ilm schönen Wiesen in einem Thale", schrieb Goethe 1776 an Gräfin Auguste zu Stolberg. „Ist ein altes Hausgen drinne, das ich mir repariren lasse. Alles blüht alle Vögel singen." Bald nachdem der Dichter nach Weimar kam, stach ihm ein vermutlich im 16. Jh. erbautes **Weinberghaus** ins Auge. Da **Herzog Carl August** (s. S. 53) daran gelegen war, Goethe bei Hofe zu halten, machte er es ihm zum Geschenk.

Der neue Besitzer ließ Haus und Garten nach seinen Vorstellungen herrichten und wohnte hier bis zu seinem Umzug an den Frauenplan (s. Goethes Wohnhaus 33). Bis zu seinem Tod blieb das Gartenhaus allerdings ein gern gewählter **Rückzugsort**, an dem

Goethe unter anderem an der „Iphigenie auf Tauris" und am „Egmont" arbeitete.

Noch von Goethes Enkeln wurde das Haus der Öffentlichkeit zugänglich gemacht, 1886 als **Museum** mit originalem Mobiliar wie etwa Goethes Stehpult eröffnet. Auch Zeichnungen des Schriftstellers sind zu sehen.

Der **Garten** ist noch so strukturiert, wie ihn der Dichter angelegt hatte: Er besitzt einen schattigen Hangbereich, eine Obstwiese und einen Nutzgarten, wenngleich Goethes Selbstversorgung (Kartoffeln und Erdbeeren) zurückgedrängt wurde.

Sie können vom Domizil des Dichters nicht genug bekommen? In **Bad Sulza** [G4] gibt es ein zweites! Die **Kopie des Gartenhauses** wurde im Kulturhauptstadtjahr 1999 errichtet und lässt sich ebenfalls besichtigen.

› Park an der Ilm, Tel. 03643 545400, www.klassik-stiftung.de/goethes-gartenhaus, Mitte März–Okt. Di.–So. 10–18, Nov.–Mitte März 10–16 Uhr, Eintritt: 7 €, erm. 5 €, Schüler 3 €, bis 15 Jahre frei

38 Schloss und Park Belvedere ★ [F5]

K. u. k. in der Kulturstadt? Das Lustschloss Belvedere hat ein berühmtes Vorbild und lockt mit seinem weitläufigen Park.

Fast schnurgerade führt die **Belvederer Allee** auf über 2,5 km Länge vom Stadtzentrum Weimars zur Eichenleite hinauf. Dort zog einst ein bewaldeter Hang das Interesse von Herzog Ernst August auf sich, auf dem er zwischen 1724 und 1744 ein **Jagdschloss** im barocken Stil errichten ließ. Bei der Gestaltung orientierte er sich an der **gleichnamigen Anlage in Wien.**

Nach dem Tod des Herzogs drohten die umliegenden Parkflächen zu verwildern, doch bald entdeckte **Anna Amalia** (s. S. 53) ihre Vorliebe für die Residenz. Ihr Sohn **Carl August** führte mit **Goethe** (s. S. 61) in der **Orangerie** botanische Studien

△ *Dichter mit grünem Daumen: Goethes Gartenhaus*

durch. Der Dichter war es auch, der den Herzog dazu bewegte, die Grünanlagen der Öffentlichkeit zugänglich zu machen.

Anschließend wurde das Schloss in der Regel als **Sommersitz** des Hauses Sachsen-Weimar-Eisenach genutzt. Der zunächst streng symmetrisch angelegte Park wurde zu Beginn des 19. Jh. unter Carl Friedrich in einen **Landschaftspark englischen Stils** umgewandelt. Nachdem der Herzog die Zarentochter Maria Pawlowna (s. S. 53) geheiratet hatte, wurde der **Russische Garten** angelegt, der den „Höchsteigenen Garten" der Petersburger Sommerresidenz im Kleinen widerspiegeln sollte.

Nach der Abdankung des Großherzogs im Jahr 1918 wurde im Schloss ein **Museum für Kunsthandwerk** des 18. Jh. eingerichtet. Zusammen mit den vielfältigen Beispielen der Gartenbaukunst gibt es einen Einblick in das höfische Leben im Spätbarock und Rokoko.

› **Anfahrt:** Bus 1 bis Belvedere
› Schloss Belvedere 11, Tel. 03643 545400, www.klassik-stiftung.de/schloss-und-park-belvedere
› **Schloss,** April–Okt. Di.–So. 10–18, Eintritt: 7 €, erm. 5 €, Schüler 3 €, bis 15 Jahre frei
› **Orangerie,** Winter tägl. 8–18, Sommer tägl. 8–21 Uhr, Nordflügel Mai–Mitte Sept. Di.–So. 10–18 Uhr, Gärtnerwohnhaus Mai–Okt. Di.–So. 10–18 Uhr, Eintritt frei

39 Gedenkstätte KZ Buchenwald [E5]

„Nichts hat mich je so erschüttert wie dieser Anblick." Diese Worte schrieb Dwight D. Eisenhower, Oberbefehlshaber der Alliierten, am 12. April 1945 in sein Tagebuch, nachdem die Amerikaner Buchenwald erreicht hatten.

Gute zehn Jahre zuvor erging ein Schreiben an Landwirte in der Region mit dem Ziel, die „Grundstücksabtretung von Erbhöfen" zu regeln. Zweck: „Die abgetretenen Ländereien der verschiedenen Bauern dienen der Errichtung eines Konzentrationslagers." 1937 wurden die ersten Häftlinge auf den **Ettersberg** gebracht, etwa 10 km vom Zentrum Weimars entfernt. Die Verschleppten wurden gezwungen, ihr neues Lager selbst zu errichten. Es wurde deshalb nicht nach dem Ettersberg benannt, weil man die Vertreter der Weimarer Klassik, die sich oft im nahe gelegenen gleichnamigen Schloss (s. S. 69) aufhielten, nicht damit in Verbindung bringen wollte.

Mit Ausbruch des Krieges wurden Menschen aus allen Teilen des Kontinents nach Thüringen deportiert und im KZ Buchenwald bzw. in einem seiner bald **139 Außenlager** interniert – insgesamt an die 280.000 Häftlinge. Im Gegensatz zu anderen KZs war nicht vorrangig ihre Auslöschung das Ziel, sondern **Zwangsarbeit** für die deutsche **Kriegsgüterproduktion.** Dennoch starben rund 56.000 Menschen; sie wurden zu Tode gefoltert, bei medizinischen Experimenten umgebracht, fielen den desolaten Lebensbedingungen zum Opfer oder wurden von der SS ermordet.

Gefangene, die Anfang 1945 in osteuropäischen Lagern auf **Todesmärsche** geschickt wurden, hatten den Ettersberg zum Ziel. Obwohl die meisten es nie erreichten, war Buchenwald bei Kriegsende das größte KZ im Deutschen Reich. Als die amerikanischen Streitkräfte gegen Weimar vorrückten, ließ die SS das Lager „evakuieren": Dachau, Flossenbürg und Theresienstadt waren die Ziele. Bekannt wurde der **Todeszug von Buchenwald,** bei dem Hunderte Häftlinge in Güterwaggons krepierten. Die in Thüringen verbliebenen harrten in Erwartung der Amerikaner aus. Am 11. April 1945 gab der lagerinterne Widerstand entwendete Waffen aus, ließ die Wachmannschaft festnehmen und das Haupttor öffnen. Seitdem steht die dort angebrachte Uhr auf 15.15 Uhr.

Nachdem Eisenhower das Lager besichtigt hatte, fasste er den Entschluss, die Weimarer mit dem Schrecken zu konfrontieren. Am 16. April 1945 suchten US-Soldaten mehr als tausend Einwohner der Stadt aus und führten sie auf den Ettersberg. Sie sollten sehen, wovon sie über Jahre hinweg nichts gewusst haben wollten.

In der sowjetischen Besatzungszone fungierte Buchenwald bis 1950 als **Speziallager Nr. 2**, in dem Funktionsträger der NSDAP und Denunzierte interniert wurden. Von den ca. 28.000 Insassen starb etwa ein Viertel an Mangelernährung. 1958 wurde die **Nationale Mahn- und Gedenkstätte Buchenwald** eröffnet.

› **Anfahrt:** Bus 6 bis Buchenwald, Gedenkstätte
› Tel. 03643 430200, www.buchenwald.de, Eintritt frei, tägl. öffentliche Rundgänge (ca. 120 Min., 7 €, erm. 3 €), Termine s. Website (unter „Besuch"/ „Öffentliche Rundgänge"), empfohlenes Mindestalter 15 Jahre
› **Besucherinfo,** April–Okt. Di.–So. 9–18.20, Nov.–März Di.–So. 9–16.20 Uhr
› **Außenanlagen,** tägl. bis Einbruch der Dunkelheit
› **Museen,** April–Okt. Di.–So. 10–18, Nov.–März Di.–So. 10–16 Uhr

Weitere Attraktionen

Fast alle Attraktionen werden von der **Klassik Stiftung Weimar** verwaltet, weitere Infos erhält man hier:

› Tel. 03643 545400, www.klassik-stiftung.de

★**80 Fürstengruft,** Historischer Friedhof, Am Poseckschen Garten, Sommer Mi.–Mo. 10–18, Winter bis 16 Uhr, Eintritt: 5 €, erm. 4 €, Schüler 2 €, bis 15 Jahre frei. Die letzte Ruhestätte von Goethe und Schiller sowie des Hauses Sachsen-Weimar-Eisenach.

81 Haus Am Horn, Am Horn 61, Ende März–Okt. Mi.–Mo. 10–18, sonst bis 16 Uhr, Eintritt: 5 €, erm. 4 €, Schüler 2 €, bis 15 Jahre frei. Musterhaus des Bauhauses mit Originaleinrichtung.

82 [S. 54] **Haus der Weimarer Republik,** Theaterpl. 4, Tel. 03643 9089021, www.hdwr.de, April–Okt. tägl. 9–19, Nov.–März Di.–So. 10–17 Uhr, Eintritt: 6 €, erm. 4 €, bis 14 Jahre frei. Ausstellung über die Entstehung der Demokratie in Deutschland.

83 Haus Hohe Pappeln, Belvederer Allee 58, Ende März–Okt. Mi.–Mo. 10–18, sonst bis 16 Uhr, Eintritt: 5 €, erm. 4 €,

Nietzsche-Büsten im Museum Neues Weimar (s. S. 68)

Schüler 2 €, bis 15 Jahre frei. Das Privathaus von Bauhaus-Vordenker Henry van de Velde ist ein Gesamtkunstwerk.

84 [S. 54] **Museum Neues Weimar,** Jorge-Semprún-Platz 5, Mi.–Mo. 9.30–18 Uhr, Eintritt: 8 €, erm. 6 €, Schüler 3 €, bis 15 Jahre frei. Im ehem. Großherzoglichen Museum wird gezeigt, welche Wege zum Bauhaus führten.

85 Nietzsche-Archiv, Humboldtstr. 36, Ende März–Okt. Mi.–Mo. 10–18, sonst bis 16 Uhr, Eintritt: 5 €, erm. 4 €, Schüler 2 €, bis 15 Jahre frei. Die Villa, in der Friedrich Nietzsche seine letzten Lebensjahre verbrachte, wurde nach dessen Tod von van de Velde umgestaltet.

★**86 Schloss und Park Tiefurt,** Hauptstr. 14, Ende März–Okt. Di.–So. 10–17 Uhr, Eintritt frei. Anna Amalias Landsitz wurde zum „Musenort" der höfischen Gesellschaft.

87 [S. 54] **Stadtschloss Weimar,** Burgplatz 4. **Sanierungsarbeiten bis ca. 2030,** Führungen durch die Dichterzimmer möglich.

88 [S. 54] **Wittumspalais,** Am Palais 3, Ende März–Okt. Di.–So. 10–18 Uhr, Eintritt: 7 €, erm. 5 €, Schüler 3 €, bis 15 Jahre frei. Witwensitz Anna Amalias, in dem die berühmten Abendgesellschaften stattfanden.

Infos und Reisetipps

89 [S. 54] **Tourist Information Weimar,** Markt 10, Tel. 03643 7450, www.weimar.de/tourismus, Mo.–Sa. 9.30–18, Jan.–März nur bis 17, So. 9.30–14 Uhr

› **www.weimar.app:** Web-App mit Infos über lokale Händler und Gastronomen (kostenlos für Android und iOS)

› **www.museumshop-weimar.de:** Überblick über alle Museumsshops der Stadt

› **Weimar+:** App der Klassik Stiftung mit Veranstaltungstipps, Audiotouren und mehr (kostenlos für Android und iOS)

› **Wo ist Walter?** Zum 100-jährigen Jubiläum des Bauhauses (s. S. 56) entwickelter Audiowalk durch die Stadt (kostenlos für Android und iOS)

› **weimar card:** Die Gästekarte zum Preis von 32,50 € gewährt für 48 Std. u. a. freien Eintritt in etlichen Sehenswürdigkeiten und freie Fahrt auf allen Stadtbuslinien. Die **weimar card plus** gilt 96 Std. und bietet für 59,50 € auch in der Umgebung viele Vergünstigungen. Infos und Bestellung: www.weimar.de/weimar-card.

Essen und Trinken

90 [S. 54] **Anno 1900** €€, Geleitstr. 12A, Tel. 03643 903571, www.anno1900-weimar.de, tägl. 12–23 Uhr. 1890 als Wintergarten eines Hotels eröffnet, begrüßte dieses Haus schon Franz Kafka als Gast und wurde zwischenzeitlich als DDR-HO-Bistro geführt. Mittlerweile tischt man in dem Restaurant internationale Speisen auf.

91 [S. 54] **Brotklappe,** Frauenplan 8, Tel. 03643 9082658, www.brotklappe.de, tägl. 8–18 Uhr. Hat die „Klappe" auf, kriegt man den Mund angesichts der lecken belegten Stullen und hausgemachten Kuchen nicht mehr zu.

92 [S. 54] **Fama,** Windischenstr. 20, Tel. 03643 9088spz786, www.fama-cafe-manufaktur.de, tägl. 9–19 Uhr. Fama ist die römische Göttin des Ruhms und dieses schnuckelige Café mit Werksverkauf trägt diesen Namen zurecht.

93 [S. 54] **Koriat,** Steubenstr. 48, Tel. 03643 8552899, www.koriat.de, Di.–So. 10–18 Uhr. Hotels, Restaurants und Cafés der Stadt lassen sich von dieser Kuchenmanufaktur beliefern, da pilgert man doch lieber gleich zur Quelle.

94 [S. 54] **Zum Schwarzen Bären** €€, Markt 20, Tel. 03643 8776748, www.schwarzer-baer.de, tägl. 11–23 Uhr. Das älteste Gasthaus Weimars serviert moderne saisonale Küche und Thüringer Klassiker. Auch Vegetarisches und Veganes.

Einkaufen

95 [S. 54] **Einrichtungshaus Kneisz,** Wielandplatz 3, www.kneisz.de, Mo.–Fr. 10–18.30, Sa. 10–14 Uhr. Repliken aus der Bauhauszeit, Klassiker des internationalen Designs und handgefertigter Weihnachtsschmuck – hier findet man so manche Rarität.

96 [S. 54] **LoveAFair**, Marktstr. 22, www.loveafair-weimar.de, Mo.–Fr. 10–18.30, Sa. 10–18 Uhr. Hier bekommt man faire und nachhaltige Mode.

97 [S. 54] **Naturalienhandung Peter Gensel,** Schillerstr. 6, www.mineralienund fossilien-weimar.de, Mo.–Sa. 10–18, So. 12–18 Uhr. Über 30 Jahre Verkaufstätigkeit haben das Geschäft sogar zum Partner naturwissenschaftlicher Museen gemacht.

Unterhaltung, Nachtleben

98 [S. 54] **C. Keller & Galerie Markt 21,** Markt 21, www.c-keller.de, tägl. ab 20 Uhr. Tagsüber Schauraum für moderne Kunst, abends Hort für Nachtschwärmer mit Bar und Restaurant (Mi.–Mo. ab 17 Uhr).

99 [S. 54] **Kasseturm,** Goetheplatz 10, www.kasseturm.de, Lounge Do./Fr. ab 18, Sa./So. ab 15.30 Uhr, sonst Mi.–Sa. ab 19 Uhr. Einer der ältesten Studentenclubs Deutschlands ist in einem ehem. Turm der Stadtmauer untergekommen.

100 [S. 54] **Theater im Gewölbe,** Markt 11/12, Tel. 03643 777377, www.theater-im-gewoelbe.de. Klassik-Bühne im Cranach-Haus.

40 GlockenStadtMuseum Apolda ★ [F5]

Der erste Dobermann wurde in Apolda gezüchtet, doch Geläut, nicht Gebell machte die Stadt überregional bekannt. Ob im Erfurter Dom 25, in der Leipziger Nikolaikirche oder der Dresdner Kreuzkirche – bei jedem Glockenschlag schwingt auch ein Stück Apolda mit. Fast **20.000 Geläute und Glockenspiele** wurden an der Ilm gegossen und in alle Welt gegondelt. Besonders mächtig geriet die Petersglocke aus dem Kölner Dom, die mit einem Gewicht von ca. 24 t zu den größten der Welt zählt.

Die **Dauerausstellung** führt klangvoll durch zweieinhalb Jahrhunderte Handwerkskunst. Da in der **klassizistischen Villa** auch Exponate zur **Stadtgeschichte** untergebracht sind, gehört ein Abstecher in das Museum bei einem Besuch Apoldas zum guten Ton.

› Bahnhofstr. 41, Apolda, Tel. 03644 5152570, www.glockenmuseum-apolda.de, Di.–So. 11–17 Uhr, Eintritt: 6 €, erm. 3 €

MEIN TIPP

Klassik-Spuren im Weimarer Land

Noch nicht genug von der Klassik? Im Weimarer Land gehts weiter! **Schloss Ettersburg** war ein beliebter Landsitz der Herzogsfamilie, der musische Tross folgte gern.

Christoph Martin Wieland (1733–1813) hingegen, einer der bedeutendsten Schriftsteller der Aufklärung, verbrachte seine letzten Lebensjahre auf einem Gut rund 10 km vor den Toren der Stadt.

101 Schloss und Park Ettersburg, Am Schloss 1, Tel. 03643 545400, https://schlossettersburg.de, Park ganzjährig frei zugänglich, Schloss dient als Tagungsstätte

102 Wielandgut Oßmannstedt, Wielandstr. 16, Oßmannstedt, Tel. 03643 545400, www.klassik-stiftung.de/wielandgut-ossmannstedt, Ende März–Okt. Mi.–Mo. 10–17 Uhr, Eintritt frei

Saaleland

Jena 42 „ist […] ansehnlicher als Weimar; längere Gassen und höhere Häuser erinnern einen, dass man doch wenigstens in einer Stadt ist.“ Schon **Schiller** (s. S. 60) wusste das urbane Zentrum an der Saale zu schätzen. Dass flussaufwärts einmal das **Thüringer Meer** 52 liegen würde, war für ihn noch nicht abzusehen.
› www.saaleland.de

41 Dornburger Schlösser ★★ [G5]

Drei Schlösser ganz unterschiedlichen Charakters hoch über dem Tal der Saale – der „Balkon Thüringens“ diente als Sommerresidenz der Herzöge von Sachsen-Weimar-Eisenach und lockte auch Goethe an.

Als **Geheimrat** bezog Goethe gleich mehrmals dort Quartier. Von besonderer Bedeutung ist der Aufenthalt nach dem Tod von **Carl August** (s. S. 53) im Jahr 1828. Die botanischen Anlagen waren nur wenige Jahre zuvor vom befreundeten Monarchen in Auftrag gegeben worden. Bis dahin waren die Bauwerke unterschiedlich genutzt worden, ja, sie hatten nicht einmal denselben Besitzer.

Das **Alte Schloss** hatte im 16. Jh. die mittelalterliche Burg abgelöst, anschließend u. a. eine Baumwollspinnerei, eine Textilfabrik und eine Schule beherbergt. Mittlerweile dient es als Tagungszentrum.

In direkter Nachbarschaft hatte Ernst August I. um 1740 ein **Rokokoschloss** bauen lassen, von dem aus er sich in die nahen Jagdgebiete begeben konnte. Ein **Museumsrundgang** macht das Lustschloss zugänglich. Das **Renaissanceschloss** war ursprünglich ein Gutsherrenhaus, das im 17. Jh. erheblich erweitert wurde. Es kam erst 1824 in herzoglichen Besitz und diente Goethe in der Zeit der Trauer als Zufluchtsort, weshalb heute dort mit einer **Ausstellung** an den Dichter erinnert wird. Im ehemaligen **Marstall** hat das **Bauhaus-Werkstatt-Museum** seinen Sitz – hier trifft Design- auf Töpfereitradition.

› Max-Krehan-Str. 5, Dornburg-Camburg, Tel. 036427 215130, www.thueringer schloesser.de
› **Museen,** April–Okt. Do.–Di. 10–17 Uhr, Eintritt: Renaissance- und Rokokoschloss 6 €, erm. 4 €, Schlösser einzeln 3,50 €, erm. 2,50 €, Schüler frei
› **Park/Garten,** tägl. 9 Uhr bis Sonnenuntergang, Eintritt frei
› **Bauhaus-Werkstatt-Museum Dornburg,** Max-Krehan-Str. 1, Tel. 0366 9237333, www.bauhaus-keramik.de, Di.–So. 10–17 Uhr, Eintritt: 6 €, erm. 4 €

048mt-gecko

› Hochschulgründer Hanfried: Denkmal für Johann Friedrich I. auf dem Jenaer Marktplatz

‹ Goethe war in den Schlössern zu Dornburg mehrfach zu Gast

42 Jena ★★★ [G5]

Jena Paradies – auch schon mal mit dem Zug an diesem Halt gestanden und nicht ausgestiegen? Dann wird es aber höchste Zeit!

Die **zweitgrößte Stadt Thüringens** liegt im mittleren **Saaletal,** umgeben von Hängen aus Muschelkalk und Buntsandstein. Das überwiegend milde Klima gibt reichlich Gelegenheit, die Umgebung zu erkunden – schließlich wird die Region auch als **„Toskana des Nordens"** bezeichnet.

Derart auf der Sonnenseite des Lebens gelegen, verlegten sich die Bürger im Mittelalter vornehmlich auf den **Weinanbau.** Nachdem der sächsische Kurfürst im Zuge der Reformation seine Residenz Wittenberg einbüßte, siedelte Johann Friedrich I., auch bekannt als Hanfried, nach Jena um und brachte das **Collegium Jenense** auf den Weg. Als Hort des orthodoxen Luthertums wirkte es derart anziehend, dass man Anfang des 18. Jh. mehr Studierende zählte als jede andere vergleichbare Einrichtung in deutschen Landen.

Mit dem Antritt von **Herzog Carl August** 1758 erlebte die Universität einen weiteren Aufschwung, wobei zunächst die Geisteswissenschaften dominierten. Die Stadt wurde nicht nur dank Fichte, Schelling und Hegel zu einem Zentrum der deutschen idealistischen Philosophie, sondern auch zu einem Hauptort der **Frühromantik** sowie angesichts der Freundschaft zwischen Goethe und Schiller zur Kulisse der **Weimarer Klassik.**

In der **Schlacht bei Jena und Auerstedt** rang Napoleon die Heere Preußens und Sachsen nieder. Die Herrschaft der Franzosen begünstigte patriotische Tendenzen, was u. a. die Gründung der Urburschenschaft

049mt-db

nach sich zog, die hauptsächlich für das Wartburgfest (s. S. 95) verantwortlich zeichnete.

Im Zeitalter der **Industrialisierung** entwickelte sich eine von **Carl Zeiss** betriebene Werkstatt zu einer auf Feinmechanik und Optik spezialisierten Fabrik, die in Zusammenarbeit mit dem Glaswerk Schott zu einem Unternehmen von Weltrang aufsteigen sollte. An der Universität florierten nun die Naturwissenschaften.

Als bedeutender Industriestandort wurde Jena im Zweiten Weltkrieg zum Ziel des Bombenkriegs. Nach der Befreiung wurden die Werke von Zeiss und Schott weitgehend demontiert und die Anlagen in die Sowjetunion gebracht. Zwar wurde Gera 53 zur Bezirkshauptstadt ernannt, doch verstärkte die staatliche Wohnungsbaupolitik – noch heute erkennbar an den **Plattenbauten,** die man von der A4 aus sieht – die Urbanisierung: 1975 wurden erstmals über 100.000 Einwohner gezählt.

Nach der **Wiedervereinigung** verließen vergleichsweise wenige Menschen die Stadt und auch heute können – im Gegensatz zu vielen anderen ostdeutschen Gemeinden – steigende Bevölkerungszahlen vermeldet werden. Die akademischen Einrichtungen prägen dabei nach wie vor den Alltag, ist heute doch jeder vierte Einwohner an der Universität eingeschrieben. So erscheint Jena als **junge, dynamische Stadt** zwischen Tradition und Fortschritt.

Das **Stadtgebiet** zieht sich größtenteils an der Saale entlang, einige Ortsteile befinden sich jedoch auf Hochflächen. So sind Höhenunterschiede von bis zu 200 m möglich. Das **Zentrum** lässt sich bequem zu Fuß erkunden. Ein Hinweis auf die Dimensionen des mittelalterlichen Jenas erhält man am ehesten durch das **Stadtmauerensemble mit Johannistor und Pulverturm** an der Ecke Johannisplatz/Fürstengraben.

43 Schillers Gartenhaus ★ [S. 73]

Geistesblitze und Grundlagenforschung: In dieser Sommerresidenz saßen nicht nur Schiller und Goethe beisammen, auch Ernst Abbe und Otto Schott ging hier ein Licht auf.

„Was heißt und zu welchem Ende studiert man Universalgeschichte?" steht im Sommersemester 1789 auf dem Lehrplan der Jenaer Universität. Es ist der Titel der Antrittsvorlesung von **Friedrich Schiller** (s. S. 60), der eine Stelle als außerordentlicher Professor für Geschichte angenommen hat. Seine Verteidigung der Geisteswissenschaften gegen die „Brotgelehrten" reißt die Studierenden im überfüllten Auditorium von den Sitzen. Novalis, der Schiller am Pult erlebte, sah in ihm den „Erzieher des künftigen Jahrhunderts". „Ich musste dieses Mittel ergreifen, ein eigen Haus und Garten zu kaufen, weil ich sonst gar keine Möglichkeit sehe, mich an die freie Luft zu gewöhnen, die mir so nöthig ist." An den Folgen einer Lungenentzündung leidend, bezog Schiller mit seiner Familie in den Sommermonaten 1797–1799 einen **Zweitwohnsitz**, der sich damals vor den Toren der Stadt befand. Hier kamen Geistesgrößen wie **Fichte, Schelling, Tieck** u. v. m. zusammen, bekannt sind v. a. die Begegnungen mit **Goethe**, die dieser auch seinem Vertrauten Johann Peter Eckermann gegenüber erwähnte: „In dieser Laube haben wir oft an diesem alten Steintisch gesessen und so manches gute und große Wort miteinander gewechselt."

Goethe war es auch, der sich wenige Jahre nach Schillers Tod dafür starkmachte, dessen Arbeitszimmer zu erhalten. Zu diesem Zeitpunkt war auf dem Anwesen auf besonderen Wunsch Carl Augusts die **erste Jenaer Sternwarte** in Betrieb genommen worden. Deren späterer Direktor **Ernst Abbe** wohnte 1878–1886 im Gartenhaus und traf dort erstmals auf **Otto Schott** (s. S. 126) – die Zusammenarbeit mit dem Glaschemiker sollte die Universität Jena ebenso prägen wie der berühmte Vorbesitzer.

› Schillergäßchen 2, Tel. 03641 9401070, www.gartenhaus.uni-jena.de, April–Okt. Di.–So. 11–17, Nov.–März Di.–Sa. 11–17 Uhr, Eintritt: 3,50 €, erm. 2 €

44 JenTower ★ [S. 73]

„Uniturm", „Keksrolle", ja, sogar „Penis Jenensis" – den offiziellen Namen JenTower wird man in der Stadt indes selten hören. Wie auch immer man es bezeichnen will, das mit seinen 144,5 m höchste Hochhaus Ostdeutschlands ist zu einem **Wahrzeichen der Stadt** geworden.

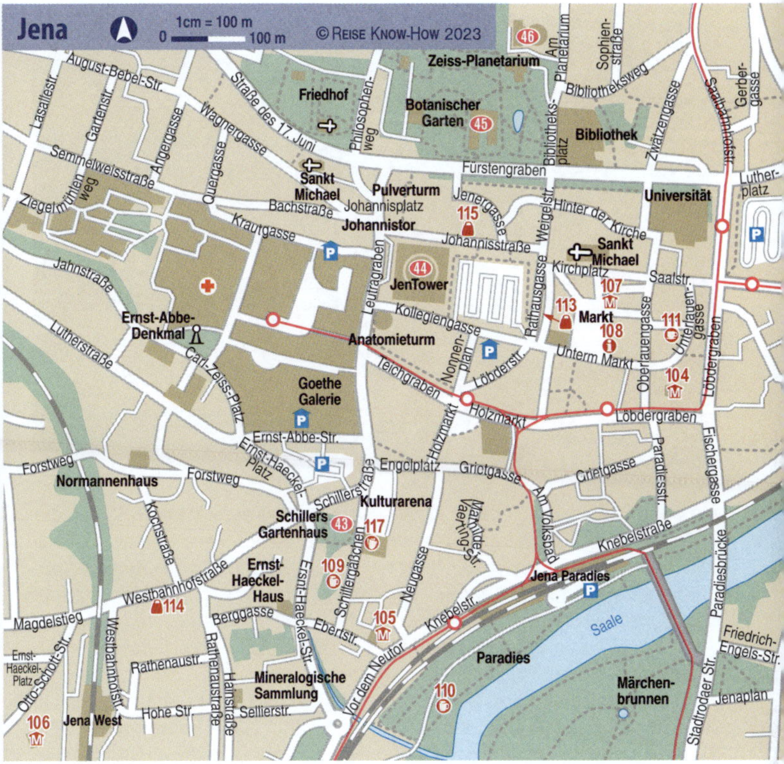

Im Sinn hatte Architekt **Hermann Henselmann** auch eher ein überdimensionales Fernrohr, als er vom Ministerrat der DDR den Auftrag erhielt, das historische Zentrum mit einer neuen „Stadtdominanten" zu versehen. Da sich zu dieser Zeit das Werksgelände von Carl Zeiss in unmittelbarer Nähe befand, sollte das Gebäude als Forschungszentrum dienen. Zur Einweihung 1972 sah man beim Kombinat allerdings keinen Bedarf mehr, sodass sich die Universität darin einrichten konnte. Um die Jahrtausendwende nahm man größere Umbaumaßnahmen vor, die dem Turm nicht nur eine neue Umbauung des Sockels – das Einkaufszentrum Neue Mitte –, sondern auch zusätzliche Geschosse und somit den Spitzenplatz in den neuen Bundesländern einbrachten. Den „Gipfel" des Gebäudes bilden Hotel und **Restaurant Scala,** darüber befindet sich eine **Aussichtsplattform,** die herrlichen Fernblick garantiert.

- Leutragraben 1, www.jentower.de
- **Aussichtsplattform,** tägl. 10–22 Uhr, Eintritt: 6 €, bis 10 Jahre frei
- **Einkaufszentrum Neue Mitte,** www.neue-mitte-jena.de, Mo.–Sa. 8–20 Uhr
- **Restaurant Scala** €€€, Tel. 03641 356666, www.scala-jena.de, Frühstück Mo.–Fr. 7–10, Sa./So. 8–11, Restaurant Mo.–Sa. 12–23, So. 12–17 Uhr

051mt-db

45 Botanischer Garten ★ [S. 73]

„Die geheime Verwandtschaft der verschiedenen Pflanzenteile, als der Blätter des Kelchs, der Krone, der Staubfäden, welche sich nach einander und gleichsam aus einander entwickeln, ist von den Forschern im allgemeinen längst erkannt." Nicht nur für Syntax und Versmaß, auch für Struktur und Form der Organismen wusste sich **Goethe** (s. S. 61) zu begeistern. Mit seiner Schrift „Versuch die Metamorphose der Pflanzen zu erklären" (1790) trug er wesentlich zur Entwicklung der vergleichenden Morphologie bei.

Goethe war 1776 zum **Geheimen Legationsrat** am Weimarer Hof ernannt worden, damit war ihm u. a. die Verantwortung für die Bereiche Kunst und Wissenschaft übertragen worden. Für Jena wünschte sich Herzog Carl August eine Botanische Anstalt. Goethe fand einen Collegiengarten vor, der aus einem 1586 von der Medizinischen Fakultät der Universität angelegten **Hortus Medicus** hervorgegangen war. Der Dichter schuf die Voraussetzungen für einen zu Forschungszwecken nutzbaren Garten, in dem er sich selbst häufig für Studien oder zur Zerstreuung aufhalten sollte. Noch heute erinnert ein **Ginkgobaum** an diese Grundlagenarbeit. Daneben sind Pflanzenarten aus allen Vegetationszonen der Erde zu sehen.

› Fürstengraben 26, Tel. 03641 949274, www.botanischergarten.uni-jena.de, April–Okt. tägl. 10–19, Nov.–März tägl. 10–18 Uhr, Eintritt: 4 €, erm. 2,50 €

46 Zeiss-Planetarium ★★ [S. 73]

Das „Sternentheater" in Jena ist das **betriebsälteste Großplanetarium der Welt.** Den Anstoß gab einst der Bauingenieur Oskar von Miller, der sich für das von ihm in München begründete Deutsche Museum einen begehbaren Himmelsglobus wünschte. Der Projektor sollte aus Thüringen kommen. Nach den ersten Vorführungen

Historisches Wahrzeichen der Ingenieurskunst: das Zeiss-Planetarium

des Prototyps in einer provisorischen Kuppel auf dem Dach der Zeiss-Werke sprach die Presse vom **„Wunder von Jena“.** Angetrieben vom großen Zuspruch begann bald darauf der Bau einer ständigen Anlage, die von dem Physiker und Ingenieur **Walther Bauersfeld** entworfen wurde. Diese wurde am 18. Juli 1926 eröffnet. Heute kann man hier verschiedene **Bildungs- und Familienprogramme** erleben, auch Yoga unterm Sternenhimmel oder Musikshows werden angeboten.

› Am Planetarium 5, Tel. 03641885488, www.planetarium-jena.de, Di.–Fr. 9–20, Sa. 10–20.15, So. 10–18 Uhr, Eintritt: ab 13,50 €, erm. 12 €, Musikshow 14,50 €, erm. 13 €

Weitere Attraktionen

103 Imaginata, Löbstedter Str. 67, Tel. 03641 889920, www.imaginata.de, Mo.–Fr. 10–15, Sa./So. 10–18 Uhr, Eintritt: 9,50 €, erm. 7,50 €. Wissenschaft zum Anfassen: Stationenpark voller Experimente auf dem Gelände des ehemaligen Umspannwerks Jena-Nord.

104 [S. 73] **Literaturmuseum Romantikerhaus,** Unterm Markt 12a, Tel. 03641 498240, www.romantikerhaus-jena.de, Di.–So. 10–17 Uhr, Eintritt: 5 €, erm. 3 €. 1799 besuchten Novalis, Tieck und Schelling eine WG um August Wilhelm und Friedrich Schlegel. Das Romantikertreffen machte Jena zum Zentrum der neuen Epoche.

105 [S. 73] **Phyletisches Museum,** Vor dem Neutor 1, Tel. 03641 949180, www.phyletisches-museum.de, Di.–Fr. 9–13 u. 14–17, Sa./So. 10–16 Uhr, Eintritt: 2,50 €, erm. 1,50 €. Ernst Haeckel brachte Darwins Ideen nach Deutschland, bereitete aber auch der NS-Eugenik den Boden. Das von ihm begründete Museum widmet sich der Evolution.

106 [S. 73] **Schott Villa,** Otto-Schott-Str. 5, Tel. 03641 6815697, eigene Besucher-App (kostenlos für Android und iOS), Di.–Do. 13–17 Uhr, Eintritt frei. Durchblick in Sachen Glas im ehemaligen Wohnhaus des Forschers.

107 [S. 73] **Stadtmuseum und Kunstsammlung Jena,** Markt 7, Tel. 03641 498261, www.stadtmuseum-jena.de, Di.–So. 10–17 Uhr, Eintritt: 5 €, erm. 3 €, bis 18 Jahre frei. Der spätgotische Bau des Stadtmuseums wird auch als **Göhre** bezeichnet, Bezug nehmend auf einen Vorbesitzer. Dauer- und Wechselausstellungen.

Infos und Reisetipps

108 [S. 73] **Jena Tourist-Information,** Markt 16, Tel. 03641 498050, www.visit-jena.de, Mo.–Fr. 11–17, Sa. 10–14 Uhr

› **MeinJena ... meine App:** Fahrpläne, Tickets und Veranstaltungen (kostenlos für Android und iOS)

› **www.jenakultur.de:** Portal der Stadt mit relevanten Einrichtungen und Veranstaltungen

› **JenaCard:** Die Gästekarte (11,90 €) ist zwei Tage gültig, berechtigt zur kostenfreien Nutzung von Bus und Bahn und gewährt Rabatte für über 30 Attraktionen.

› **SaaleHorizontale:** Wanderweg mit Weitblick (s. S. 117)

Essen und Trinken

109 [S. 73] **Daheme im Garten,** Schillergässchen 2b, www.daheme-im-garten.de, Mo.–Fr. ab 16, Sa./So. ab 13.30 Uhr. Lauschiges Gartencafé mit Biergarten neben der Volkssternwarte Urania. Getränke, Kuchen und Snacks.

110 [S. 73] **Der Strand 22,** Vor dem Neutor 5, im Paradiespark, www.derstrand22.de, Mai–Sept. tägl. 10–0 Uhr. Sommerbar am Saaleufer mit Veranstaltungen und Bootsverleih.

111 [S. 73] **Holz & Hygge,** Unterlauengasse 2, Tel. 0176 76470313, www.

holzundhygge.de, Di.–Sa. 10–19, Sa. 10–18 Uhr. So ziemlich alles, was Wohlbefinden verspricht, wird in Skandinavien unter dem Begriff „hyggelig" subsumiert. Dieses Café hat sich auf die Fahnen geschrieben, das Hygge-Lebensgefühl nach Jena zu bringen.

112 **Landgrafen** €€, Landgrafenstieg 25, Tel. 03641 507071, www.landgrafen.com, Do./Fr. 17–22, Sa. 11.30–22, So. 11.30–18 Uhr. Restaurant mit einem standesgemäßen Ausblick sowie internationalen Speisen mit regional-saisonaler Note. Biergarten März–Okt. Sa./So. geöffnet.

Einkaufen

113 [S. 73] **Del Corazón,** Markt 2, www.delcorazon.de, Mo.–Fr. 10–20, Sa. 10–18 Uhr. Modetrends und Soulfood, ein Hotspot für die schönen Dinge.

114 [S. 73] **Glas in Jena,** Westbahnhofstr. 8, www.glas-jena.de, Mo.–Fr. 10–18, Sa. 10–13 Uhr. Hitzebeständiges Glas in großer Auswahl.

115 [S. 73] **Tranquillo**, Johannisstr. 19, www.tranquillo-shop.de, Mo.–Fr. 10–19, Sa. 10–18 Uhr. Auf der Suche nach fair, nachhaltig und ökologisch produzierten Mode-Kollektionen? Bei Tranquillo wird man fündig.

Unterhaltung, Nachtleben

116 **Kassablanca,** Felsenkellerstr. 13A, Tel. 03641 28260, www.kassablanca.de. Konzerte, Clubbing, Kino etc. am Westbahnhof.

117 [S. 73] **Theaterhaus Jena,** Schillergässchen 1, Tel. 03641 88690, www.theaterhaus-jena.de. Stadttheater, dessen Vorplatz im Sommer zur Bühne des Events KulturArena (s. S. 120) wird.

47 Leuchtenburg ★★ [G6]

Zu ihrem Namen soll die Höhenburg bei Seitenroda gekommen sein, weil sie angesichts ihrer Lage auf einem kargen Berg schon aus der Ferne zu sehen ist. Heute erstrahlt sie als prall mit „Weißem Gold" gefüllte Schatzkammer.

Die Leuchtenburg gilt als **„Königin des Saaletals"**. Und so ist der **Panoramablick,** der über das Flussband und das Thüringer Holzland reicht, geradezu erhebend. Teile des Ensembles sind wohl an die tausend Jahre alt. Im Laufe der Zeit diente die Festung u. a. als Gefängnis, als Besserungs- und Armenanstalt, als Zucht- und Irrenhaus, als Hotel wie als Jugendherberge – und dann kam die Keramik.

052mt©Stiftung Leuchtenburg

Die **Ausstellung Porzellanwelten** zeigt die gesamte Geschichte der kostbaren weißen Ware, beginnend bei den ersten Erzeugnissen im alten China über die Weiterentwicklung in Europa bis hin zum Alltagsgegenstand. Der Fokus ist selbstverständlich nicht willkürlich gewählt, hat doch etwa die traditionsreiche **Manufaktur Kahla** ihren Sitz quasi vor der Haustür.

Muss im Museum noch Vorsicht walten, ist der 20 m lange **Steg der Wünsche** dazu da, die Redewendung „Scherben bringen Glück" einer Prüfung zu unterziehen. Mit einem Begehren beschriebene Keramik kann von der **Aussichtsplattform** gegen den Burgberg geworfen werden.

› Dorfstr. 100, Seitenroda, Tel. 036424 713333, www.leuchtenburg.de, April–Okt. 9–18, Nov.–März 10–17 Uhr, Eintritt: 15 €, Senioren 14 €, erm. 12 €, Schüler/Azubis/Studierende 10 €, Kinder 9 €, bis 5 Jahre frei, ab 16.30 Uhr 10 €, erm. 7 €

48 Rudolstadt ★★ [F6]

Als „Schillers heimliche Geliebte" wird die Stadt häufig bezeichnet und auch wenn sie nicht zu den großen Gemeinden des Bundeslandes zählt, ist sie nach wie vor ein attraktives Besucherziel.

Das Erscheinungsbild wird durch die **Lage an der Saale** geprägt, die im Stadtgebiet einen weiten Bogen beschreibt. Ebenso dominant ist das **Residenzschloss Heidecksburg** 50, das hinter dem Zentrum aufragt. Ab dem 14. Jh. regierten die Schwarzburger von dort über ihr Reich.

053mt-db

Die Nähe zum Weimarer Hof brachte so manchen Dichter und Denker in die Gegend. So auch **Schiller** (s. S. 60), der nicht nur seine spätere Frau Charlotte hier kennenlernte, er begegnete zudem erstmals Goethe, mit dem ihn bald eine anregende Freundschaft verbinden sollte.

Ein Besuch der Stadt empfiehlt sich insbesondere zum jährlich im Juli stattfindenden **Rudolstadt-Festival**, das zu den bedeutendsten Musikfestivals dieser Art in Europa zählt. Ein weiterer Höhepunkt im Kalender ist das **Rudolstädter Vogelschießen** (beide s. S. 120), ein Volksfest mit über 300-jähriger Tradition.

› www.rudolstadt.de

› **Rudolstadt-Event-App:** offizielle Veranstaltungsapp der Stadt (kostenlos für Android und iOS)

Porzellan als Tafelsilber: gut beleuchtete Leuchtenburg bei Seitenroda

Marktbrunnen von 1859 vor dem Rudolstädter Rathaus

49 Schillerhaus Rudolstadt ★ [F6]

„Es ist hier eine herrliche Gegend und im Beulwitzischen und Lengefeldischen Hause habe ich mich überaus wohl“, schrieb Schiller (s. S. 60) im August 1788 an einen Freund. Der Aufenthalt sollte für den Dichter richtungsweisend werden.

Nach dem Tod ihres Mannes war **Louise von Lengefeld,** später Hofmeisterin auf der Heidecksburg 50, mit ihren Töchtern **Charlotte** und **Caroline** in das Haus gezogen. Bei den Lengefelds waren zahlreiche Geistesgrößen und Berühmtheiten jener Zeit zu Gast, u. a. Herder und Fichte, Charlotte von Stein sowie Alexander und Wilhelm von Humboldt. Schließlich stellte sich ein finanziell prekär dastehender, unstet lebender Dichter vor. Zwischen Schiller und den Schwestern entwickelte sich eine Art **Dreiecksbeziehung.** 1790 gab er in einer Kirche bei Jena 42 letztlich „Lollo“, der jüngeren Charlotte, das Ja-Wort. Die Ehe bedeutete für ihn den Beginn einer bürgerlichen Existenz – die ältere Caroline war ohnehin bereits mit dem Regierungsrat von Beulwitz verheiratet gewesen.

054mt-db

Im „Rudolstädter Sommer“ fand zudem **Schillers erste Begegnung mit Goethe** statt, neben der Ménage-à-trois der zweite inhaltliche Schwerpunkt der **Dauerausstellung.**

› Schillerstr. 25, Tel. 03672 486470, https://schillerhaus.rudolstadt.de, April–Okt. tägl. 10–18, Nov.–März Di.–So. 10–17 Uhr, Eintritt: 6 €, erm. 3,50 €, Kinder frei

50 Residenzschloss Heidecksburg ★★ [F6]

Barock ganz klein, Barock ganz groß: Über der Altstadt erhebt sich die ehemalige Residenz der Schwarzburger. Dort lockt eine Miniaturwelt, die der Baupracht die Strahlkraft der Fantasie gegenüberstellt.

„Diese Gegend wird Ihnen lieb sein“, schrieb **Charlotte von Lengefeld** einst in einem Brief an **Schiller,** „mir brachte sie gestern einen Eindruck von Ruhe in der Seele, der mir innig wohltat.“ Als „Lollo“ den Dichter nach Rudolstadt gelotst hatte, zeigte sich dieser beeindruckt von der Stadt, „die sich am Fuße eines Berges herumschlingt, und von weitem schon durch das fürstliche Schloss, das auf die Spitze des Felsens gepflanzt ist, sehr vorteilhaft angekündigt wird“. Die Anlage, wie sie sich Schiller präsentierte, war wenige Jahre zuvor fertiggestellt worden. Ein Großbrand hatte Anfang des 18. Jh. den Renaissancebau zerstört – verschont geblieben war u. a. das Hofportal am Nordflügel – und einen Umbau im **barocken Stil** eingeleitet. Nun entfaltete sich ein Prunk, der in den Kleinstaaten Thüringens seinesgleichen suchte.

‹ Laterne, Zisterne: Brunnen im Hof von Schloss Heidecksburg

055mt-db

Die einst glanzvollen Zeiten spiegeln sich in der **Ausstellung „Rococo en miniature"** wider, die neben den **fürstlichen Sammlungen** zu den Höhepunkten des im Schloss untergebrachten **Landesmuseums** gehört. Die fiktiven Großreiche Pelarien und Dyonien, bestehend aus zehn Palästen sowie Tausenden Figuren und Gegenständen, wurden in über 50-jähriger Detailarbeit von Gerhard Bätz und Manfred Kiedorf geschaffen. Beide hatten sich 1952 im Rahmen ihrer Ausbildung zum Gebrauchswerber (DDR-Bezeichnung für Schauwerbegestalter) kennengelernt und zunächst mit Halmasteinen Schlachten inszeniert. Das Hobby wuchs sich zu einer prachtvollen Hoffantasie im Kleinformat aus.

› Schlossbezirk 1, Tel. 03672 429022, www.heidecksburg.de, www.rococo-en-miniature.de, April–Okt. Di.–So. 10–17, Nov.–März 11–17 Uhr, Eintritt: 8 €, erm. 5 €, bis 14 Jahre frei, ohne Besichtigung der Fest- u. Wohnräume 6 €, erm. 4 €, Rococo en miniature 4 €, erm. 3 €

Ruhepol: Café Zeitlos im zum Handwerkerhof umgebauten Damen-Stift

Weitere Attraktion

118 Thüringer Bauernhäuser, Kleiner Damm 12, Tel. 03672 422465, https://bauernhaeuser.rudolstadt.de, Di.–So. 11–18 Uhr, Eintritt: 3 €, erm. 2 €. Zwei Häuser aus dem 17. Jh. bilden eines der ältesten deutschen Freilichtmuseen. Ausschank in der Scheune, Freisitz im Hof.

Essen und Trinken

119 Café Zeitlos, Stiftsgasse 21–25, Tel. 03672 4886582, Mi.–So. 9–17 Uhr. Kleines Café im Handwerkerhof mit selbst gebackenen Kuchen und Torten sowie lauschigen Plätzen im Freien.

Einkaufen

120 Ankerstein Werksverkauf, Breitscheidstr. 148, www.anker-bausteine.de, Mo.–Fr. 8–12 und 13–15 Uhr. Hier kann man die Thüringer Alternative zu Lego kennenlernen (s. S. 127). BasicTour (30 Min.) rund um die Bausteine 6 €, PremiumTour (60 Min.) 10 €.

121 Die Porzellanmanufakturen, Breitscheidstr. 7, www.die-porzellanmanufakturen.de, Mo.–Fr. 10–17, Sa. 10–15 Uhr. Plaue, Scheibe-Alsbach und Co. – wer jetzt schon Bescheid weiß, wird hier glücklich. Alle anderen besuchen die Werksführung (Mo.–Sa. nach Vereinbarung).

MEIN TIPP

Spiel als höchste Form der Kindesentwicklung

„Das Beste zum Spielen für ein Kind ist ein anderes Kind!“ Ausgehend von den Methoden Pestalozzis arbeitete der Thüringer **Friedrich Fröbel** (1782–1852) im 19. Jh. die Bedeutung der frühen Kindheit für die Entwicklung des Menschen heraus. 1840 schlug in Blankenburg die Geburtsstunde des Kindergartens – ein Konzept, das um die Welt ging.

123 Friedrich-Fröbel-Museum, Johannisgasse 4, Bad Blankenburg, Tel. 036741 2565, www.froebel-museum.de, Di./Mi. nach Vereinbarung, Do.–Sa. 13–17 Uhr, Eintritt: 4 €, erm. 3 €, bis 14 Jahre frei

Unterhaltung

122 Theater im Stadthaus, Platz der Opfer des Faschismus 1, Tel. 03672 4500, www.theater-rudolstadt.de. Beim Vorläufer gab bereits Goethe den Ton an. Heute teilen sich die Mimen die Bühne mit den Thüringer Symphonikern Saalfeld-Rudolstadt.

51 Saalfelder Feengrotten ★★ [F7]

Fast schon in Vergessenheit geraten, zählte das Schaubergwerk 2017 den 19-millionsten Besucher und steht in der Kategorie „Die farbenreichsten Schaugrotten der Welt“ im Guinness-Buch der Rekorde.

Spätestens ab 1530 wurden in der Region Stollen ins Gestein getrieben. Aus dem geförderten **Tonschiefer** konnte einerseits **Alaun** gewonnen werden, ein Salzgemisch, das beim Gerben oder der Papierherstellung Verwendung fand, andererseits blaues und grünes **Vitriol,** die als Farbstoff dienten. Zur Zeit des Dreißigjährigen Krieges kam der Abbau zum Erliegen. Da mit der Industrialisierung synthetische Methoden der Alaungewinnung aufkamen, wurde im 18. Jh. noch versucht, aus dem Grubenschlamm Eisenocker zu gewinnen – aber auch diesem liefen künstliche Farben bald den Rang ab.

In den Zeiten von Kneipp und Co. lag eine naturheilkundliche Nutzung des mineralhaltigen Stollenwassers nahe. Das aufgegebene Bergwerk wurde schrittweise wieder erschlossen, 1913 die dritte Sohle erreicht. „Ehrfurchtsgebietend, feierlich, erhaben in unangetasteter Reinheit und Pracht stand der Märchendom mit seiner Gralsburg vor den Entdeckern“, notierte ein Teilnehmer der Expedition. Die **Tropfsteinhöhlen** wirkten derart magisch, dass sie den Namen „Feengrotten“ erhielten.

Das 1914 eröffnete **Schaubergwerk** wurde danach mehr und mehr erweitert. Im **Grottoneum** wird Wissen über Minerale vermittelt, mit dem **Feenweltchen** wurde ein „magischer Abenteuerwald“ für Kinder geschaffen. So ist nach und nach eine ganze **Erlebniswelt** entstanden. Zu den Feengrotten gehört zudem ein **Heilstollen** zur Behandlung von Atemwegserkrankungen.

› **Anfahrt:** Bus Städtedreieck mobil Linie A bis Feengrotten

› Feengrottenweg 2, Saalfeld, Tel. 03671 55040, www.feengrotten.de, April–Okt. tägl. 10–18, Nov.–März tägl. 11–16.30 Uhr, Feenweltchen nur April–Okt., Eintritt: Feenweltchen (Abenteuerwald und Grottoneum) 15,50 €, erm. 12,50 €, Zwerg (1–4 Jahre) 2,50 €, Feengrotten (Grottenführung und Grottoneum) 15,50 €, erm. 12,50 €, Zwerg 2,50 €, Erlebniswelt (Grottenführung, Abenteuerwald und Grottoneum) 25 €, erm. 19,50 €, Zwerg 4,50 €

52 Thüringer Meer ★★★ [F7]

Große, natürliche Standgewässer sucht man Thüringen vergebens. Dennoch muss man auf Badevergnügen und Wassersport nicht verzichten, denn es gibt ja das Thüringer Meer, wie die fünf Stauseen an der oberen Saale und der Fluss selbst zusammenfassend genannt werden.

Die **Talsperren** – gemeinhin als **Saalekaskade** bezeichnet – dienen nicht nur dem Hochwasserschutz, im Verbund mit den Wasserkraftwerken leisten sie auch einen Beitrag zur Energiegewinnung. Während die Wasserflächen der Sperren Burgkhammer, Walsburg, Wisenta und Eichicht nicht privat genutzt werden dürfen, sind die beiden anderen Stauseen zu Urlaubszielen geworden.

Die **Bleiloch-Talsperre** [G7] ist nicht nur die erste und größte am Lauf der Saale, sie besitzt auch das umfangreichste Fassungsvermögen in ganz Deutschland. Die an einen Fjord erinnernde Flusslandschaft ist für Wassersport, Wanderungen und Radtouren wie gemacht. Fürs Naturerlebnis stehen mehrere Campingplätze zur Verfügung, zentrale Gemeinde ist **Saalburg-Ebersdorf** [G7–8] am Ostufer. Von dort verkehren auch **Fahrgastschiffe** bis ins südlich gelegene Harra.

An der sich nördlich anschließenden **Talsperre Burgkhammer** befindet sich mit dem **Schloss Burgk** [G7] ein kultureller Leuchtturm. Das in der ehemaligen Reuß'schen Residenz untergebrachte **Museum** informiert anschaulich über fürstliche Wohnkultur.

Die **Hohenwarte-Talsperre** [F–G7] wartet mit Passagierschifffahrt, Outdooraktivitäten und Übernachtungsmöglichkeiten auf. Bei Paska windet sich das Gewässer besonders schön – dieser Abschnitt ist als **Saaleschleife** bekannt. In der Nähe gibt es einen **Aussichtspunkt.**

Bei der etwas weiter östlich gelegenen **Linkenmühle** befand sich einmal eine Brücke, die im Zweiten Weltkrieg gesprengt wurde, um den Vormarsch der Alliierten aufzuhalten – die Über-

Thüringer Meer mit Schleife: die Saale-Windungen bei Paska

reste sind heute bei Niedrigwasser zu sehen. Zwischen den Anlegestellen Altenroth und Linkenmühle verkehrt die **Mühlenfähre**, die Autos über den Hohenwarte-Stausee transportiert. Bei **Kaulsdorf** kehrt die Saale zu ihrem natürlichen Lauf zurück.

› www.rennsteigsaaleland.de/thüringer-meer
› **Hohenwarte-Stausee-Weg:** www.thueringen-entdecken.de/w/hohenwarte-stausee-weg

M **124 Museum Schloss Burgk**, Burgk 17, Schleiz, Tel. 03663 400119, www.schloss-burgk.de, April–Okt. Di.–So. 10–18, Nov.–März bis 16 Uhr, Eintritt: 6 €, erm. 5 €, bis 6 Jahre frei

• **125 Aussichtspunkt Fernsicht/Saaleschleife**, Paska

› **Schiffsfahrten Bleichloch-Stausee:** April–Okt., www.stauseeschifffahrt.de, www.marina-saalburg.de
› **Schiffsfahrten Hohenwarte-Stausee:** April–Okt., www.fahrgastschiffahrt-hohenwarte.de
› **Mühlenfähre:** www.kombus-online.eu/angebote/Faehre/faehrzeiten

MEIN TIPP

Im Land des Blauen Goldes

Ob auf Schloss Heidecksburg 50, dem Würzburger Dom oder der Wiener Hofburg – immer ist das Dach mit **Schiefer aus Lehesten** [G5] gedeckt. Die hiesigen Tagebaue waren einmal die größten des Kontinents, 1999 wurde die Förderung eingestellt. Geblieben ist ein beachtenswertes **Industrieensemble.**

M **126 Technisches Denkmal „Historischer Schieferbergbau Lehesten“**, Staatsbruch 17, Tel. 036653 26270, www.schiefer-denkmal-lehesten.de, Gelände frei zugänglich, historische Anlagen nur mit Führung, April–Nov. Di./Do. 10 und 13, Sa. 10.30 und 14, So. 14 Uhr, Eintritt: 9 €, erm. 7 €, bis 14 Jahre 3 €

Ostthüringen

Zwischen **Vogt- und Osterland** wurden schon Thronanwärter gestohlen (s. S. 88), unzählige Stiche gemacht (s. S. 87) und es wurde nach der Sonne gegraben (s. S. 85). Hinter **Greiz** 58 und **Gera** 53 macht sich bereits Sachsen bemerkbar.

› www.vogtland-tourismus.de, www.reussischefuerstenstrasse.de

53 Gera ★★ [H5]

Wenngleich die drittgrößte Stadt Thüringens, ist Gera in jüngster Zeit etwas ins Abseits geraten. Dabei gibt es in den selbsternannten „Otto-Dix-Stadt“ einige attraktive Ziele zu entdecken.

Noch um 1900 gab es kaum einen derart gut betuchten Flecken in deutschen Landen. Seit dem 16. Jh. hatten die Grafen und Fürsten von **Reuß jüngerer Linie** an der **Weißen Elster** residiert und mit der Aufnahme von Flüchtlingen aus Flandern, die sich zwar zum Calvinismus bekannten, aber auch fundierte Techniken der Wollverarbeitung mitbrachten, die Grundlage geschaffen, dass die Stadt zu einem bedeutenden Standort der **Textilproduktion** aufsteigen konnte.

Folgerichtig war Gera früh und heftig von der **Industrialisierung** betroffen, wovon Gründerzeitbauten, Baudenkmäler aus der Zeit des **Bauhauses** (s. S. 56) und vielfältige Beispiele des **Neuen Bauens** zeugen. Als der Adel ging – das Schloss Osterstein, vor dessen Toren **Otto Dix** (s. S. 84) zur Welt kam, wurde im Zweiten Weltkrieg zerstört –, hatte das Bürgertum bereits luxuriöse Fabrikantensitze wie die Villa Schulenburg 57 bezogen und neue Wege für den Warenumschlag erschlossen – aus dem „Garn-, Knopf-, Posamentier-, Weiß- und Wollwarengeschäft Hermann Tietz“ sollte gar der Konzern **Hertie** hervorgehen.

Als **Arbeiterhochburg** und **Bezirkshauptstadt** wurde Gera auch zu DDR-Zeiten bevorzugt behandelt. Der Uranabbau im benachbarten Ronneburg (s. S. 85) bescherte der Stadt Einwohnerrekorde. Damit sollte es nach der Wiedervereinigung vorbei sein. Das einst führende Bergbauunternehmen Wismut wurde abgewickelt und der **Bevölkerungsrückgang**, der daraufhin einsetzte, konnte auch mit einer Vielzahl an Eingemeindungen nicht gestoppt werden. Zu einem leichten Stimmungsumschwung kam es immerhin, als die private **Hochschule für Gesundheit** eröffnet wurde – bis dahin war Gera die einzige Großstadt der BRD ohne Akademie gewesen.

Die wechselvolle Geschichte des 20. Jh. zeigt sich in einem **abwechslungsreichen Stadtbild.** So fallen im Zentrum zwar die erwähnten Altbauten auf, die meisten Geraer leben aber in der Plattenbausiedlung Lusan. Als Symbol sozialistischer Stadtgestaltung gilt das **Kultur- und Kongresszentrum.**

› https://tourismus.gera.de, www.veranstaltungen-in-gera.de

› **Bauhaus-Rundgänge:** Gera ist die Stadt mit den meisten Baudenkmälern des Neuen Bauens in Thüringen. Infos: https://tourismus.gera.de/100-jahre-bauhaus.

54 Orangerie ★★ [H5]

Fragt man in Gera nach einer **Bratwurst,** wird man eventuell auf diesen Prachtbau verwiesen. Der Volksmund spielt damit auf die **Halbkreisform** der Orangerie an, die hier 1729–1732 errichtet wurde. Der Spitzname ist auch in anderer Hinsicht nicht ganz falsch, diente doch der angrenzende Küchengarten der Versorgung von Schloss Osterstein.

Nach dem Ende des Hauses Reuß-Gera zwischenzeitlich als Lazarett, aber auch als Pferdestall und Turnhalle genutzt, sicherte sich schließlich der hiesige **Kunstverein** den Bau. Der Zweite Weltkrieg hinterließ schwere Schäden, der Park wurde zeitweise dem Gedenken Stalins gewidmet.

Seit 1972 werden in der Orangerie wieder Ausstellungen der **Kunstsammlung Gera** präsentiert, Gebäude und **Garten** wurden im Rahmen der Bundesgartenschau 2007 zurück in Richtung barocke Pracht gebogen.

› Orangerieplatz 1, Tel. 0365 8384253, www.museen-gera.de, Di.–So. 11–17 Uhr, Eintritt: 5 €, erm. 3 €, Küchengarten tägl. 6–22 Uhr, Eintritt frei

Orangerie in Gera: Im Nordflügel ist eine Dauerausstellung zum Spätwerk von Otto Dix zu sehen

057mt-db

55 Otto-Dix-Haus ★ [H5]

„Der Maler ist das Auge der Welt.“ Als Künstler griff **Otto Dix** (1891–1969) immer auf Erfahrungen aus erster Hand zurück. So kämpfte er etwa nach seinem Studium an der Dresdner Kunstgewerbeschule freiwillig im Ersten Weltkrieg und schuf danach mit dem Gemälde „Schützengraben“ das vielleicht bedeutendste Antikriegsbild seiner Zeit. Da er sich fern jeder Heldenverehrung bewegte, wurden seine Arbeiten als „gemalte Wehrsabotage“ diffamiert. Im Dritten Reich wurde er der „Entarteten Kunst“ zugerechnet. Der Maler zeigte sich zeitlebens offen für diverse Stilrichtungen, ging allerdings als maßgeblicher Vertreter der **Neuen Sachlichkeit** in die Geschichte ein. Er wuchs in der Kleinstadt Untermhaus auf, die später in die Stadt Gera eingemeindet wurde. In seinem **Geburtshaus** wurde 1991 ein **Kunstmuseum** eingerichtet, das nicht nur Arbeiten von Dix zeigt, sondern auch über sein Leben informiert.

› Mohrenplatz 4, Tel. 0365 8324927, www.museen-gera.de, Di.–So. 11–17 Uhr, Eintritt: 5 €, erm. 3 €

56 Historische Höhler ★ [H5]

„Item niemandt magk brauen noch schenken, er sey dan ein burger oder burgerin und hab ein eigen haus.“ Mit diesen Worten wurde den Geraern im Stadtrecht aus dem Jahr 1487 die **Erlaubnis zu Brauerei und Ausschank** erteilt. Auch anno dazumal dürstete es die Trinkwilligen natürlich nach einem kühlen Tropfen, also gingen die Wirte zur Herstellung in den Keller – genauer gesagt noch eine Etage tiefer. Für diese **Keller zweiten Grades**, in denen Bier bestens eingelagert werden konnte, bürgerte sich die **Bezeichnung „Höhler“** ein. Die Bergleute, denen ohnehin die zu schürfenden Vorkommen ausgingen, jubelten: Bis zur Industrialisierung unterhöhlten sie die Stadt auf einer Gesamtlänge von 9 km. Im Zweiten Weltkrieg dienten die Keller nicht nur dem Schutz des Leibgetränks, sondern auch der überirdisch lebenden Hausbewohner. Seit 1989 lassen sich zehn der Höhler im Rahmen einer **Führung** besichtigen.

› **Eingang:** Schreibersches Haus, Hintereingang, Nicolaiberg 3, Tel. 0365 55249954, www.museen-gera.de, nur mit Führung Di.–So. 11, 13 und 15 Uhr, Eintritt: 5 €, erm. 3 €

57 Haus Schulenburg ★★ [H5]

Eine Unternehmervilla, wie es sie zuhauf gibt? Aber nein, denn hier hat sich Henry van de Velde, der Wegbereiter des Bauhauses (s. S. 56), verewigt.

1913 suchte der Textilfabrikant **Paul Schulenburg** nach einem Architekten für eine **Villa** am Stadtrand von Gera. Von **Henry van de Velde** (1863–1957) hatte er auf der dritten Deutschen Kunstgewerbeausstellung in Dresden bereits eine Speisezimmereinrichtung erworben. Der Belgier hatte ursprünglich Malerei studiert, war dann allerdings mit dem *Arts and Crafts Movement* in Berührung geraten. Die britische Bewegung lehnte den Historismus ab und versuchte – gegen den Trend zur maschinengestützten Produktionsweise – das Handwerk zu stärken. Van de Velde widmete sich danach verstärkt der Architektur und Gestaltung. Die Großherzoglich-Sächsische Kunstgewerbeschule in Weimar 28, die er bis zum Ersten Weltkrieg leitete, ging später im Staatlichen Bauhaus auf. Und van de Velde gilt heute als **„Vater des modernen Designs“**.

Schulenburg jedenfalls stellte van der Velde nicht weniger als ein bewohnbares Gesamtkunstwerk hin. Heute informiert ein **Museum** über den „Alleskünstler" von Rang.

> Str. des Friedens 120, Tel. 0365 826410, www.haus-schulenburg-gera.de, April–Okt. Mo.–Fr. 10–17, Sa./So. 14–17, Nov.–März Mo.–Fr. 10–16, Sa./So. 14–16.30 Uhr, Eintritt: 8 €, bis 14 Jahre frei

Weitere Attraktion

127 Museum für Angewandte Kunst, Greizer Str. 37, Tel. 0365 8381430, www.museen-gera.de, Di.–So. 11–17 Uhr, Eintritt: 5 €, erm. 3 €. Kunsthandwerk, Mode, Design und Wohnkultur im barocken Ferberschen Haus.

Essen und Trinken

128 Köstritzer Bierhaus €€, Schloßstr. 10, Tel. 0365 77337150, www.koestritzer-bierhaus-gera.de, Di.–Do. 11–21, Sa./So. 11–22 Uhr. Köstritzer Braukunst trifft auf Speisen mit Bezug zur Region.

129 Lummersches Backhaus €€€, Gries 1, Tel. 0176 34448232, www.lummersches-backhaus.de, Di.–Fr. 17–22, Sa. 14–22, So. 12–20 Uhr. In der Stube des ehemaligen Hofbäckers gibt es vollmundige Genüsse, die im Sommer auch auf der Brücke über der Weißen Elster serviert werden.

Einkaufen

130 Frau Brendels Buchhandlung, Große Kirchstr. 12, www.brendels-buchhandlung.de, Mo.–Fr. 10–18, Sa. 10–13 Uhr. Inhabergeführte Buchhandlung mit über 180-jähriger Geschichte.

131 Second Hand Boutique greengera, Markt 6, www.green-gera-secondhand.de, Di./Mi./Sa. 10–14, Do./Fr. 10–17 Uhr. Designs und Outfits zwischen Second Hand und angesagter nachhaltiger Mode.

Unterhaltung

132 Theater Gera, Theaterplatz 1, Tel. 0365 8279105, www.theater-altenburg-gera.de. Fünfspartenhaus, dessen im Jugendstil gestaltetes Hauptgebäude 1902 als Fürstliches Hoftheater eröffnet wurde.

58 Oberes und Unteres Schloss Greiz ★ [I6]

Gleich zwei Schlösser in einer Stadt, die bis 1900 nie mehr als 20.000 Einwohner zählte? Dass die beiden Bauten Greiz bis heute prägen, hat historische Gründe.

An der Grenze zu Sachsen im **Tal der Weißen Elster** gelegen, wird Greiz gerne als **„Perle des Vogtlands"** bezeichnet. Das Stadtbild wird dominiert von dem auf einem Bergkegel errichteten Oberen Schloss. Doch da ist noch eine zweite, im Stadtkern gelegene Residenz. Entscheidend für den doppelten Schlossbau war das Jahr 1564, in dem die Besitztümer des

MEIN TIPP

Strahlende Landschaften

Im Kalten Krieg kam es zum nuklearen Wettrüsten, das waffenfähige **Uran** des Ostblocks wurde zum Teil in Sachsen und Thüringen gefördert. Die Sowjetisch-Deutsche Aktiengesellschaft **Wismut** war nach der UdSSR, den USA und Kanada **viertgrößter Uranproduzent** weltweit. Eines der Reviere der **„Sonnensucher"**, so der Titel eines DEFA-Films von Konrad Wolf, lag bei **Ronneburg** [I5]. Zur BUGA 2007 wurden die ehemaligen Tagebaue und Stollen zu einem **Landschaftspark** umgestaltet.

★133 Neue Landschaft Ronneburg, Tel. 036605 2405, www.ronneburg.de/neue-landschaft, tägl. Sonnenauf- bis -untergang, Eintritt: 1 €, bis 15 Jahre frei

Hauses Reuß durch **Landesteilung** in Gera 53 sowie **Ober- und Untergreiz** zerfielen. Bei zwei Herrschern mussten natürlich auch zwei Schlösser her: Anstelle der infolge eines Blitzschlags 1540 ausgebrannten mittelalterlichen Burg wurde auf dem Berg das **Obere Schloss** in seiner heutigen Form errichtet. Das **Untere Schloss** entstand ebenfalls im 16. Jh. direkt am Ufer der Weißen Elster.

Die Herren von Reuß setzten auf eine gleichberechtigte Erbfolge. Erst als um 1700 zehn Reuß'sche Reiche entstanden waren, wurde der Nachlass fortan dem Erstgeborenen zugeschlagen. Aber da war das Kind bereits in den Burgbrunnen gefallen: So ätzte noch Heine über „Greiz-Schleiz-Hinterpommern". Und Hoffmann von Fallersleben kommentierte eine fürstliche Bekanntmachung mit: „O wär ich doch auch so einer,/ein Greiz-Schleiz-Lobensteiner!" So ist der doppelte Schlossbau zu Greiz heute ein eindrückliches Beispiel der **Kleinstaaterei** (s. S. 129).

1802 zerstörte ein Brand fast die gesamte Stadt. Während im 20. Jh. viele Menschen in die Stadt kamen, um in den florierenden **Textilfabriken** zu arbeiten, ging die Bevölkerung spätestens mit dem Niedergang dieses Wirtschaftszweigs nach der Wiedervereinigung zurück.

Heute stehen beide Schlösser samt **Parkanlagen** Besuchern offen und dienen als **Museen.** Die multimediale Ausstellung im Oberen Schloss reicht vom Land der Vögte bis zum Fürstentum Reuß älterer Linie. Im Unteren Schloss wird die Dauerausstellung inhaltlich fortgeführt. Hier gibt es zudem eine **Schauwerkstatt** zur Geschichte des Greizer Textilwesens und eine **Infobüro** für Gäste.

Im **Fürstlich Greizer Park** ist das spätklassizistische **Sommerpalais** ein Blickfang. Hier locken die Reuß'schen Kunstschätze (Bücher- und Kupferstichsammlung) und die Karikaturensammlung des **Satiricum**. Das Küchenhaus birgt ein **Café.**

› www.greiz.de

› **Museum Oberes Schloss Greiz,** Oberes Schloss 8, April–Sept. Di.–So. 10–17 Uhr, Okt.–März bis 16 Uhr, Eintritt: 6 €, erm. 2,50 €

M 134 **Museum Unteres Schloss Greiz,** Burgplatz 12, Öffnungszeiten s. Oberes Schloss, Eintritt: 3 €, erm. 2 €

M 135 **Sommerpalais Greiz,** im Fürstlich Greizer Park, www.sommerpalais-greiz.de, Öffnungszeiten s. Oberes Schloss, Eintritt: 5 €, erm. 3 €

› **Kombiticket für alle drei Museen:** 11 €, erm. 5 €, allg. bis 6 Jahre frei

Idylle am Greizer Sommerpalais

058mt-gecko

59 Altenburg ★★ [J5]

Noch Thüringen oder schon Sachsen? Obgleich am östlichsten Zipfel des Bundeslandes gelegen, sollten Besucher die ehemalige Residenzstadt nicht links liegen lassen.

Das dachte sich einst auch Stauferkaiser **Friedrich I.**, genannt **Barbarossa** (s. S. 24), der die damalige Pfalz Castrum Plysn im 12. Jh. gleich mehrmals aufsuchte, weshalb Altenburg heute als eine von fünf **Barbarossastädten** in Deutschland gilt. Im Mittelalter profitierte man von der Lage an der Fernhandelsstraße **Via Imperii.** Ebenso begünstigend wirkte sich die Anwesenheit der Wettiner Fürsten aus, was sich an der eindrucksvollen Schlossanlage 61 ablesen lässt.

Geeignete Transportmöglichkeiten zahlten sich auch in der Industrialisierung aus. Altenburg war die erste Stadt Thüringens mit **Bahnanschluss** und konnte damit im Bereich des **Textilgewerbes** eine marktbeherrschende Position erreichen, etwa in der Nähmaschinenherstellung oder der Hutmacherei.

Diese Zeiten sind vorbei. Doch Hand angelegt an ein Stück Altenburg hat heute wohl fast jeder schon, werden doch vor Ort seit 500 Jahren **Spielkarten** (s. S. 127) produziert. Außerdem wurde hier im 19. Jh. das **Skatspiel** erfunden.

In der SPD-Hochburg kam es 1933 zu Pogromen gegen Gewerkschafter und Arbeiterführer. Im Zweiten Weltkrieg waren in mehreren Außenlagern des KZ Buchenwald (heute Gedenkstätte 39) ca. 13.000 Häftlinge untergebracht, die für den Rüstungskonzern HASAG arbeiten mussten. In der DDR wurde Altenburg dem **Bezirk Leipzig** zugeordnet, nach der Wende orientierte sich folgerichtig eine Mehrheit gen Norden. Da sich das benachbarte Schmölln allerdings für Thüringen entschied, sprach sich aufgrund regionaler Verbundenheit auch der hiesige Kreistag dafür aus – sodass Altenburg heute als **Tor zu Sachsen** gilt.

Zwar sinkt die Bevölkerungszahl kontinuierlich und es gibt selbst im malerischen Altstadtgebiet Leerstand. Doch mit dem **Lindenau-Museum** 60 oder dem gerne als „kleine Semperoper" bezeichneten **Theater** (s. S. 89) kann Altenburg mit einigen Trümpfen aufwarten.

› www.altenburg.travel

60 Lindenau-Museum ★★ [J5]

„Die sächsische Geschichte kennt keine andere Einzelpersönlichkeit, die das Verfassungsleben so nachhaltig beeinflusst hat." Mit diesen Worten wurde der Platz vor dem Dresdner Landtag 1999 nach Bernhard von Lindenau benannt. Seiner Heimatstadt Altenburg hinterließ er eine Kunstsammlung von internationalem Rang.

Bernhard von Lindenau (1779–1854) auf sein Wirken als Minister und Mäzen zu beschränken, wäre zu kurz gegriffen. Vielmehr ist er als universaler Geist zu sehen, seinen Zeitgenossen Wilhelm und Alexander von Humboldt nicht unähnlich. So leitete er etwa mehrere Jahre die Seeberg-Sternwarte in Gotha 11, wobei er u. a. mit Gauß Bekanntschaft machte. Zur Zeit der Befreiungskriege trat Lindenau verstärkt in diplomatische Dienste. Er übernahm etwa als Geheimrat regelmäßig die Regierungsgeschäfte, wenn Friedrich IV. von Sachsen-Gotha-Altenburg abwesend war. Seine Volksnähe brachte ihm den **Spitznamen „Herzog Bernhard"** ein. Im sächsischen Staatsdienst formulier-

te er die **Landesverfassung**, die für das Königreich den Beginn der konstitutionellen Monarchie markierte. Im Zuge der Deutschen Revolution zog sich Lindenau von seinen politischen Ämtern zurück. In dieselbe Zeit fällt die Eröffnung einer Ausstellungshalle samt Kunstschule auf seinem **Altenburger Adelshof**. „Der Jugend zur Belehrung. Dem Alter zur Erholung", war über dem **Eingangsportal** zu lesen.

In seinem Testament stellte Lindenau Mittel zur Präsentation seiner Sammlung in Aussicht. 1876 wurde am Fuße des Schlossbergs ein Neubau im „Museumsbaustil" eröffnet, der sich an der Dresdner Gemäldegalerie orientierte. Das Gebäude wird derzeit **saniert** und ist **frühestens im Herbst 2025** wieder zugänglich. Zu den Höhepunkten der Sammlung gehört eine Kollektion des Künstlers **Gerhard Altenbourg** und natürlich das Erbe Lindenaus, das eine weltweit geschätzte Zusammenstellung **früher italienischer Tafelbilder** einschließt. Bis dahin ist die Sammlung in einem **Ersatzbau** zu sehen.

› Gabelentzstr. 5, Tel. 03447 8955430, www.lindenau-museum.de

M 136 **Lindenau-Museum Interim,** Kunstgasse 1, Di.–So. 12–18 Uhr, Eintritt frei

61 Residenzschloss Altenburg ★★ [J5]

Das wuchtige Schloss lockt mit einem spektakulären True-Crime-Fall und einem ungewöhnlichen Museum.

Weniger einem Kartenspiel, eher einem Puzzle kommt die Anlage gleich: **1000 Jahre Baugeschichte** haben verschiedenen Stilepochen Rechnung getragen. Die ursprüngliche Altenburg war auf einem Felsen jenseits der damaligen Stadtgrenzen errichtet worden.

Der **Altenburger Prinzenraub** im Juli 1455 stellt eine der aufsehenerregendsten Entführungen in der mitteldeutschen Geschichte dar und ging als Stoff in ein Volkslied ein. Im 15. Jh. residierten in Altenburg die Wettiner. Kunz von Kauffungen stellte sich im Sächsischen Bruderkrieg an die Seite von Friedrich dem Sanftmütigen. Da der Fürst sich weigerte, die Verluste des Ritters auszugleichen, entführte dieser die Teenager Ernst und Albrecht aus ihren Gemächern. Die ca. 30 Kidnapper wurden noch auf der Flucht in Richtung Böhmen gefasst, der Ritter und einige

Hoch, aber ohne Stufen: Auf den Hausmannsturm des Residenzschlosses führt ein Wendelgang

Helfer in Freiberg geköpft. Die geraubten Prinzen gelten heute gemeinhin als Begründer der Länder Thüringen und Sachsen.

Im 18. Jh. ließen die Herzöge von Sachsen-Gotha-Altenburg die Festung zum **Schloss** ausbauen, die **barocke Ausstattung** ist im Wesentlichen bis in die Gegenwart erhalten geblieben. Eine Spezialsammlung ist dem **Skatspiel** gewidmet, davon abgesehen spiegelt die **Ausstellung** die wechselvolle Geschichte als Sitz der Mächtigen wider. Sehenswert sind ferner die verschiedenen **Schlosstürme** und die gotische **Schlosskirche** mit ihrer prachtvollen Orgel, auf der schon **Bach** (s. S. 93) spielte.

› Schloss 2, Tel. 03447 512712, www.residenzschloss-altenburg.de
› **Schloss- und Spielkartenmuseum,** Di.-So. 9.30-17 Uhr, Eintritt: 8 €, erm. 6 €, bis 7 Jahre frei
› **Flaschenturm,** Di.-Fr. 10-16 Uhr, Eintritt: 2 €, erm. 1 €, bis 7 Jahre frei
› **Hausmannsturm,** Di.-So. 9.30-16 Uhr, Eintritt: 2 €, erm. 1 €, bis 7 Jahre frei

Weitere Attraktionen

137 Historischer Friseursalon, Pauritzer Str. 2, Tel. 0171 3876379, www.historischer-friseursalon.de, April-Okt. Mi.-So. 11-17, Nov.-März Mi.-So. 10-16 Uhr, Eintritt frei. Haargenau wie in den 1920er-Jahren ist dieser Friseursalon erhalten geblieben.

★**138 Rote Spitzen,** Berggasse 15, Tel. 03447 512712, www.residenzschloss-altenburg.de/rote-spitzen.html, Mai-Okt. Fr.-So. 13-16.30 Uhr, Eintritt: 5 €, 3 €, bis 7 Jahre frei. Zum Wahrzeichen der Stadt gewordener Doppelturm der ehemaligen Stiftskirche St. Marien.

★**139 Skatbrunnen,** Markt 17. Auf dem Sockel kloppen sich vier Buben. Viele Spieler glauben, es bringe Glück, seine Karten im Wasser zu taufen.

Essen und Trinken

140 Konditorei und Kaffeehaus Volkstädt, Burgstr. 13, Tel. 03447 311318, Mi.-Fr. 10-17, Sa. 10-12, So. 13-16.30 Uhr. Das älteste Kaffeehaus Thüringens serviert köstliche Kuchen und Gebäck aus der hauseigenen Konditorei.

141 Kulisse €€, Theaterplatz 18, Tel. 03447 500939, www.kulisse-altenburg.de, Di.-Sa. ab 17 Uhr. Thüringer wie internationale Speisen, regionale Produkte, ein Biergarten für den Sommer und eine Winterhütte bestimmen hier das „Bühnenbild".

Einkaufen

142 Altenburger Brauerei, Brauereistr. 20, www.brauerei-altenburg.de, Brauereimuseum Sa./So. nach Voranmeldung. 1871 gegründet, mehrfach bei den World Beer Awards ausgezeichnet.

143 Altenburger Destillerie, Am Anger 1-2, www.destillerie.de, Werksverkauf Mo.-Fr. 11-18, Sa. 10-13 Uhr. Der ehemalige VEB Altenburger Likörfabrik ist heute ein Mittelstandsunternehmen mit regionaler Verbundenheit und internationaler Kundschaft.

144 Spielkartenladen, Markt 17, www.spielkartenladen.de, Mo. 13-16, Di.-Fr. 10-18, Sa. 10-14 Uhr. Auf der Suche nach Souvenirs? Hier verzockt man sich auf keinen Fall.

145 Weltmeister-Senfladen, Moritzstr. 1, www.senf.de, Mo.-Fr. 10-16, Sa. 10-14 Uhr. Über 350 Sorten Senf und weitere Feinkost.

Unterhaltung

146 Theater Altenburg, Theaterplatz 19, Tel. 03447 5850, www.theater-altenburg-gera.de, **geschl. wegen Umbau.** Otto Brückwald, Architekt dieses Mehrspartentheaters, assistierte nicht nur Gottfried Semper, er legte auch die Pläne für das Bayreuther Festspielhaus vor.

Thüringer Wald

Die **Germanen** verehrten Bäume und brachten sie mit ihren Göttern in Verbindung, während der **Christianisierung** griffen Missionare deshalb oft zur Axt. Im Mittelalter wurde vor Raubtieren und Räubern gewarnt – auch Dämonen wurden im finsteren Forst vermutet. Die **Romantiker** rehabilitierten den vermeintlichen Schauerort und machten ihn zum Inbegriff des natürlichen Erholungsraums. Willkommen im Thüringer Wald!

- www.thueringer-wald.com
- www.naturpark-thueringer-wald.de
- www.biosphaerenreservat-thueringer wald.de

62 Eisenach ★★★ [B5]

Die Wartburg 66, Bach und Luther – wie kaum ein anderer Ort ist Eisenach mit der deutschen Geschichte verbunden. Doch auch abseits kultureller Errungenschaften hat die Stadt viel zu bieten.

„Die Gegend ist überherrlich“, bekundete bereits **Goethe** – und tatsächlich bietet die Umgebung allerhand Anlass, um ins Schwelgen zu geraten. So liegen die südlichen Viertel bereits im **Thüringer Wald** und im Ortsteil Hörschel beginnt der Höhenweg über das Mittelgebirge, der berühmte **Rennsteig** (s. S. 116). Im Osten erheben sich die **Hörselberge**, die mit mehreren Mythen in Verbindung gebracht werden, u. a. von Frau Holle (s. S. 107) und von Ritter Tannhäuser.

Die Geschichte der Stadt ist von der über ihr thronenden Wartburg kaum zu trennen. Diese soll der Sage nach um 1067 erbaut worden sein, Eisenach selbst wurde etwa hundert Jahre später erstmals urkundlich erwähnt. Die mittelalterliche Stadt lag an einer Kreuzung der Handelsstraße **Via Regia** (s. S. 39) mit einer Passstraße, was sie zum wichtigen Warenumschlagplatz machte. Die Wartburg war eine Hauptresidenz der **Ludowinger.** Eisenach verband, ähnlich wie heute, hessische und thüringische Lande.

Unter den Wettinern verlor Eisenach den höfischen Sitz; der Versuch, Reichsstadt zu werden, misslang. Nichtsdestotrotz wurde die Stadt zu einem der **Hauptschauplätze der Reformation**, als **Martin Luther** (s. S. 45) auf der Wartburg das Neue Testament aus dem griechischen Urtext ins Deutsche übersetzte.

Noch vor dem Dreißigjährigen Krieg waren am Thüringer Wald wieder regelmäßig Fürsten zugegen, diesmal die Angehörigen einer ernestinischen Herzogslinie. Infolgedessen florierten die schönen Künste, bei Hofe musizierten u. a. Bachs Vater, Johann Pachelbel oder Georg Philipp Telemann.

Die **kulturelle Blüte um 1800** stand insbesondere mit **Julie von Bechtolsheim** (1751–1847) in Zusammenhang. Sie, die Goethe sein „Seelchen“ und Wieland (s. S. 69) „Psyche“ nannte, organisierte in ihrem Salon einen regelmäßig stattfindenden Literaturzirkel, der die Geistesgrößen jener Zeit anlockte. „Alles Interessante wurde gelesen, beurtheilt, und was dem geistigen Streben Reiz verleihen konnte, zur Anwendung gebracht“, erinnerte sich etwa der Philosoph Christian Schreiber.

Nachdem die Stadt den Status als Residenz wieder verloren hatte, erregte Eisenach politisch Aufmerksamkeit, als sich mit dem **Wartburgfest** im Jahr 1817 eines der wichtigsten Ereignisse des Vormärz hier abspielte.

Die Industrialisierung ist v.a. an der Eröffnung der Eisenacher Fahrzeugfabrik (s. rechts) festzumachen, mit der die Stadt zum **Automobilstandort** wurde und mit der die Bevölkerungszahl sprunghaft anstieg. Noch heute sind die zahllosen in der Gründerzeit errichteten Villen in der Stadt sichtbar. Ein weiteres Zeugnis ist die **Gründung der Sozialdemokratischen Deutschen Arbeiterpartei,** die schließlich in der SPD aufging. Als wichtiger Produzent von Rüstungsgütern sah sich die Stadt im Zweiten Weltkrieg schweren Bombenangriffen ausgesetzt.

Mit der Teilung Deutschlands befanden sich mehrere Ortsteile im **Sperrgebiet** der innerdeutschen Grenze. Die Randlage und die gekappten Verbindungen nach Hessen brachten einen zunehmenden Bedeutungsverlust Eisenachs in der DDR mit sich, der durch den Fahrzeugbau im Rahmen gehalten wurde. Dass sich nach der Wende **Opel** die Expertise im Automobilbau zu eigen machte, konnte Abwanderungen auffangen.

Die gute Stube der Stadt: Nordseite des Eisenacher Marktes

Neben Erinnerungsorten wie dem Bach- 65 und dem Lutherhaus 64 sind auch architektonische Kleinode erhalten, darunter das **schmalste Fachwerkhaus** (s. S. 96) und mit dem **Südviertel** eines der größten Villenareale Deutschlands, das dank vieler **Jugendstilobjekte** als Flächendenkmal eingestuft wurde.

63 Automobile Welt Eisenach ★ [B5]

Dixi, BMW, EMW, IFA, Wartburg und Opel – die Marken, die in Eisenach bereits vom Band rollten, erscheinen wie eine kompakte Geschichte der deutschen Automobilproduktion.

Der Großindustrielle **Heinrich Erhardt** ließ in seiner 1896 gegründeten **Eisenacher Fahrzeugfabrik** zunächst Fahrräder und Geschütze herstellen. Doch nur zwei Jahre später wurde ein Wartburg-Motorwagen ausgeliefert – Erhardt war der dritte Unternehmer, der in Deutschland Automobile anbot. Schon 1904 zog sich der Gründer aufgrund von Differenzen mit den Hauptaktionären zurück. Daraufhin wurde die **Marke Wartburg** zunächst aufgegeben und für exklusive Gefährte und leistungsstarke Lastkraftwagen der Name **Dixi** eingeführt.

Danach fanden die Eisenacher nicht mehr in die Erfolgspur. 1928 wollte ein bayrischer Motorrad- und Flugmotorenhersteller seine Angebotspalette erweitern und kaufte sich hier ein – **BMW** wagte den Schritt in die Automobilproduktion. Markentypische Erkennungszeichen wie der in Form einer Doppelniere gestaltete Kühlergrill wurden in Thüringen entwickelt. Nach dem Zweiten Weltkrieg wurde das Eisenacher Motorenwerk (EMW) verstaatlicht und schließlich als **VEB Automobilwerk Eisenach** (AWE) in den Industrieverband Fahrzeugbau der DDR (IFA) integriert. 1955 wurde ein Pkw-Typ vorgestellt, der sich über 1,6 Mio. Mal verkaufen sollte – der **Wartburg 311.** Mit dem Namen wurde an die Anfänge des Werks, mit der Nummer an die BMW-Tradition angeknüpft.

Um dem steigenden Bedarf nachkommen zu können, wurde von 1976 bis 1984 in Eisenach-West eine weitere Produktionsstrecke hochgezogen. Mit der Wiedervereinigung wurde dieses Werk von **Opel** übernommen. Das AWE hingegen wurde durch die Treuhand liquidiert.

In einem unter Denkmalschutz stehenden Fertigungsgebäude veranschaulicht heute ein **Museum** die Automobilproduktion anhand von **Originalfahrzeugen.**

› Friedrich-Naumann-Str. 10,, Tel. 03691 2491676, www.awe-museum.de, Di.–So. April–Okt. 10–18, Nov.–März 11–17 Uhr, Eintritt: 9 €, erm. 4,50 €, bis 6 Jahre frei

64 Lutherhaus Eisenach ★★ [B5]

Luthers Aufenthalt auf der Wartburg 66 *hat Weltgeschichte geschrieben. Doch schon als Schüler hielt sich der spätere Reformator in Eisenach auf, vermutlich in diesem Haus, das zu den ältesten Fachwerkbauten der Stadt zählt.*

Um sich auf das Studium vorzubereiten, ging der aus Eisleben stammende **Martin Luther** (s. S. 45) 1498 in die Heimatstadt seiner Mutter, wo er bei Verwandten Unterschlupf fand. Sein Brot verdiente er sich, indem er als Kurrendesänger durch die Stadt zog. Laut Luthers erstem Biografen Johann Mathesius fand eine „andechtige Matron" Gefallen an dem jungen Mann, der an ihre Tür geklopft hatte, und nahm ihn bei sich auf. Es handelte sich um **Ursula Cotta,** Tochter von Heinrich Schalbe, einer der einflussreichsten Eisenacher jener Zeit. Für das Dach über dem Kopf musste Luther dem jüngeren Bruder Cottas Nachhilfeunterricht geben, er selbst ging in die Pfarrschule St. Georg. Im Frühjahr 1501 endete Luthers Zeit „ynn meiner lieben Stad" und er nahm an der Erfurter Universität ein Studium auf.

Im Haus, in dem der spätere Reformator höchstwahrscheinlich unterkam, befand sich ab 1898 eine Gaststätte namens **Lutherkeller,** die mit der Besichtigung der „Lutherstuben" warb. Die geschäftsführende Familie ging nach der Gründung der DDR in den Westen. Die Evangelische-Lutherische Kirche richtete am historischen Ort eine **Gedenkstätte** ein, die seit 2011 zum europäischen Kulturerbe zählt.

Die **Dauerausstellung „Luther und die Bibel"** wurde mehrfach ausgezeichnet. Ein besonders bemerkenswertes Exponat ist die **Skulptur „man in a cube"** des chinesischen Künstlers **Ai Weiwei,** die dieser anlässlich des 500. Reformationsjubiläums geschaffen hat.

› Lutherplatz 8, Tel. 03691 29830, www.lutherhaus-eisenach.com, Di.–So. 10–17 Uhr, Eintritt: Dauerausstellung 8 €, erm. 6 €, Sonderausstellungen extra

65 Bachhaus Eisenach ★★★ [B5]

Es ist eines der maßgeblichen Musikermuseen Deutschlands und beherbergt die weltweit größte Sammlung zu Bachs Leben und Werk. Ob sich der berühmte Komponist allerdings jemals darin aufgehalten hat, ist fraglich.

Das **Musikergeschlecht Bach** hatte bereits in Mitteldeutschland von sich reden gemacht, da übernahm 1671 Johann Ambrosius Bach, selbst Sohn eines Erfurter Stadtpfeifers, die Leitung der Stadtmusik von Eisenach. 1685 wurde Johann Ambrosius zum achten Mal Vater. Der kleine **Johann Sebastian Bach** (1685–1750) besuchte bald die Lateinschule und sang im *Chorus musicus* der Georgenkirche. Nachdem er innerhalb eines Jahres beide Eltern verloren hatte, zog er im Alter von neun Jahren zu seinem Bruder Johann Christoph Bach, der sich in Ohrdruf als Komponist verdingte. Sein Leben lang bezeichnete sich J.S. Bach als **„Isenacus“** („Eisenacher“); wo er wirklich aufwuchs, ist nicht hundertprozentig sicher.

Um das Bürgerrecht zu erlangen, hatte der Vater ein Haus erworben, das heute nicht mehr existiert. Es dürfte sich in etwa auf dem Grundstück der jetzigen Lutherstraße 35 befunden haben. Handfeste Beweise für einen Aufenthalt der Familie fehlen. Die unsichere Faktenlage ist darin begründet, dass der berühmteste Spross der Musikerfamilie nach seinem Tod in Vergessenheit geriet. Erst mit der **Bach-Renaissance** keimte das Interesse am Lebensweg des Komponisten auf. Der Bach-Biograph Carl Hermann Bitter befragte ältere Eisenacher und brachte das **Ackerbürgerhaus** aus dem 15. Jh. am heutigen Frauenplan 21 als Geburtsort ins Spiel. Archivarisch belegt ist jedoch nur, dass Mitte des 18. Jh. die Familie einer Tochter von Bachs Urgroßcousin Johann Bernhard Bach dort lebte.

Nichtsdestotrotz wurde 1907 an Ort und Stelle das **erste Bach-Museum** weltweit eingerichtet. In einem der ältesten Häuser Eisenachs steht passenderweise das Leben zur Barockzeit im Mittelpunkt, im angegliederten Neubau Bachs Musik. Installationen wie das **„Begehbare Musikstück“** vermitteln Leistungen des Komponisten. So treten die leisen Zweifel an der Authentizität schnell in den Hintergrund.

› Frauenplan 21, Tel. 03691 79340, www.bachhaus.de, tägl. 10–18 Uhr, Eintritt: 12 €, erm. 7 €, bis 6 Jahre frei

66 Wartburg ★★★ [B5]

Über Eisenach erhebt sich das Wahrzeichen der Stadt. Aufgrund ihrer bewegten Geschichte zählt die Wartburg zum UNESCO-Welterbe. Oft wird sie als Paradebeispiel einer mittelalterlichen Burg angeführt, dabei hat ihr Erscheinungsbild kaum noch etwas mit den Ursprüngen zu tun.

Im Jahr 1067, so eine Sage, sei **Ludwig der Springer** (1042–1123) bei einer Jagd Wild nachgeeilt und kam so zu einem Felsenberg am Flüsschen Hörsel. „Wart', Berg, du sollst mir eine Burg tragen!“, soll Ludwig umgehend verkündet haben, doch gab es ein Problem: Er befand sich bereits auf dem Gebiet der Herren von Frankenstein. Der listige Ludwig ließ eilig in Körben Erde aus seinen Landen herbeischaffen und darauf die Festung errichten. Den eigentlichen Besitzern entgegnete er, er habe „die Burg auf das Seine gebaut“. Um seinen Anspruch zu untermauern, ließ er zwölf Ritter ihre Schwerter in die aufgeschichtete

061mt-db

Erde rammen und die Rechtmäßigkeit beschwören – die Grundsteinlegung der Wartburg war also ein **mittelalterlicher Grundstücksbetrug!**

Von Ludwigs Burg blieb nichts übrig, 1080 wurde allerdings erstmals ein Bau auf dem Berg erwähnt. Wahrscheinlich ist eine frühe Nutzung als Ausguck – der **Name** rührt von der „Warte" her, bedeutet also Wach(t)- bzw. Wächterburg. Aus dem Mittelalter sind der **Palas** und der **Südturm** erhalten.

Von besonderer Bedeutung war die Regierungszeit **Hermanns I.** (1155–1217). Der Landgraf hatte eine Erziehung in Paris genossen und förderte Kunst und Kultur. So ist es zu erklären, dass sich der sagenhafte **Sängerkrieg** an seinem Hofe abgespielt haben soll. Auf Grundlage einer Sammlung mittelhochdeutscher Sangspruchgedichte wurde im Nachhinein ein historisches Ereignis konstruiert. So sollen im Jahr 1207 berühmte Minnedichter wie Wolfram von Eschenbach und Walther von der Vogelweide sowie fiktive Figuren wie der Zauberer Klingsor aus dem „Parzival" gewetteifert haben, wer den Fürsten am eindrucksvollsten rühmen könne.

Der mächtige Bergfried erhebt sich über dem Hof der Wartburg

Im Jahr des Sängerkriegs wurde die ungarische **Prinzessin Elisabeth** (1207–1231) geboren, die später u.a. auf der Wartburg weilte. Mit 14 Jahren vermählte man sie mit **Ludwig von Thüringen.** Als sich die ersten Franziskaner in Eisenach niederließen, war Elisabeth fasziniert von der Abkehr vom irdischen Besitz. „Nun soll mir die ganze Welt und aller Reichtum und alles Ansehen gestorben sein", soll sie gesagt haben, nachdem Ludwig auf einem Kreuzzug gefallen war. Fortan widmete sie ihr Leben den Armen und Kranken. Nur vier Jahre nach ihrem frühen Tod wurde sie heiliggesprochen, sie ist die Schutzpatronin von Hessen und Thüringen.

Ab dem 15. Jh. war die Wartburg, mittlerweile den Wettinern in die Hände gefallen, nur noch Nebenresidenz. Deutlich wird dies v.a. am vielfältigen Einsatz des günstigeren Fachwerks.

1521 wurde **Martin Luther** (s. S. 45) auf dem Reichstag zu Worms unter den Augen von Kaiser Karl V. aufgefordert, von seinen reformatorischen Ansichten abzurücken. „Daher kann und will ich nichts widerrufen", erwiderte Luther, „weil wider das Gewissen etwas zu tun weder sicher noch heilsam ist. Gott helfe mir, Amen!" Um den Reformator vor der Ächtung zu bewahren, ließ **Friedrich der Weise** ihn noch auf dem Heimweg in der Nähe von Schloss Altenstein zum Schein entführen und auf die Wartburg bringen. Fast ein Jahr bezog er als „Junker Jörg“ hier Quartier. Dabei, so eine weit verbreitete Legende, soll ihm der Satan so zugesetzt haben, dass er ein Tintenfass nach ihm warf. Luthers Aussage, er habe „den Teufel mit Tinte vertrieben“, war wohl eher auf die Übertragung des Neuen Testaments ins Frühneuhochdeutsche gemünzt. Schließlich kehrte Luther 1522 nach Wittenberg zurück, wo er unter dem Schutz des sächsischen Kurfürsten stand.

Auf Luther, die Reformation und die Leipziger Völkerschlacht Bezug nehmend, zogen 1817 ca. 500 Studenten und Professoren zur Wartburg und traten für einen einheitlichen und freien Staat mit eigener Verfassung ein. Mit dem ersten **Wartburgfest** und den Folgeveranstaltungen wurde der Versammlungsort zum nationalen Symbol der Deutschen stilisiert. Allerdings richtete sich dieses Denken noch auf eine Ruine. Erst Mitte des 19. Jh. wurde die Anlage wiedererrichtet und um historistische Anbauten ergänzt. **Sängerlaube** und **Festsaal** etwa verdeutlichen eher eine idealtypische Vorstellung mittelalterlicher Zustände. Doch die vermeintliche Authentizität wurde in der Epoche der **Burgenromantik** so bereitwillig aufgenommen, dass die Wartburg beim Bau von Schloss Neuschwanstein als Vorbild diente.

Richard Wagner war 1842 auf dem Weg von Paris nach Dresden erstmals nach Eisenach gekommen. „Der Anblick des Bergschlosses [...] regte mich ungemein warm an“, erinnerte sich der Komponist später. „Einen seitab von ihr gelegenen fernen Bergrücken stempelte ich sogleich zum Hörselberg.“ Für seine berühmte Oper verschmolz Wagner die Mär vom Minnesänger Heinrich von Ofterdingen mit der Tannhäuser-Sage.

Zwangsläufig zog die symbolisch aufgeladene Burganlage die Aufmerksamkeit der Nazis auf sich. Im **Dritten Reich** wurde das Kreuz auf dem Burgturm zeitweise durch ein Hakenkreuz ersetzt, 1939 gründeten elf evangelische Landeskirchen auf der Wartburg das antisemitische „Institut zur Erforschung und Beseitigung des jüdischen Einflusses auf das deutsche kirchliche Leben“, kurz „Entjudungsinstitut“.

Die Versorgung der Wartburg wurde lange Zeit mit Lasttieren bewerkstelligt. Mit dem Besucherandrang nach der Restaurierung und dem Aufkommen des Automobils errichtete man schließlich eine Allee, die die **Wartburgesel** überflüssig machte. Kinder konnten noch bis 2022 von der Eselstation aus hinaufreiten, dann wurde der Eselei ein Ende bereitet.

MEIN TIPP

Wanderung zur Drachenschlucht

Pflichtprogramm für jeden Fußbewegten: Von der **Wartburg** 66 folgt man dem **Wanderweg** in Richtung **Sängerwiese,** vorbei am **Steinkreuz „Wilde Sau“** bis zur **Jagdschlossruine Hohe Sonne.** Von dort geht es nun in Richtung Eisenach 62 durch die **Drachenschlucht.** Es handelt sich um eine an der engsten Stelle nur 70 cm breite Klamm, in der der Stadtheilige St. Georg der **Sage** nach gegen einen Lindwurm gekämpft haben soll. Fürchten muss man sich allerdings nicht, denn der Weg führt auf **Stegen** über den **Steinbach,** der sich hier über Jahrmillionen in den Felsen gegraben hat.

› **Anfahrt:** ab Eisenach ZOB mit Bus 3 oder 190 bis Mariental

Mit der sog. **Blauen Linie** wurde bereits früh ein Bauverbot im Umkreis von 500 m um die Wartburg erlassen. Der **Aufstieg** ist von Eisenach aus auf gut ausgeschilderten Wegen in ca. 30 Min. zu bewältigen. Belohnt wird man mit einem einmaligen **Ausblick** auf die Stadt sowie den Thüringer Wald und der Gelegenheit, einen geschichtsträchtigen Ort zu erleben. Besonders sehenswert sind die **Lutherstube,** der prächtige **Festsaal** und der prunkvolle **Sängersaal,** dessen Gestaltung an den legendären Vokalisten-Wettstreit erinnert. Außerdem gibt es mehrere **gastronomische Einrichtungen.**

› Auf der Wartburg 1, Tel. 03691 2500, www.wartburg.de
› **Anfahrt und Parken:** gebührenpflichtiger Parkplatz (Auf der Wartburg 2), von dort Bus-Shuttle zur Burg (2,50 €)
› **Palas, Museum und Lutherstube,** April–Okt. tägl. 9–17, Nov.–März tägl. 9.30–15.30 Uhr, Eintritt: 12 €, erm. 8 €, Kinder 5 €, bis 5 Jahre frei

062mt-db

› **Burghöfe und Außenanlagen,** April–Okt. tägl. 9–20, Nov.–März tägl. 9.30–17 Uhr, Eintritt frei
› **Südturm,** Eintritt: 1 €
› **Geführte Rundgänge:** April–Okt. tägl. 9–15, Nov.–März tägl. 9.30–14.30 Uhr, 45 Min., Termine s. Website
› **Überblick Gastronomie:** www.wartburghotel.de/essen-trinken

Weitere Attraktionen

147 Gedenkstätte „Goldener Löwe“, Marienstr. 57, Tel. 03691 75434, www.goldener-loewe-eisenach.de, Mo.–Fr. 11–17 Uhr, Eintritt frei. 1869 fand in Eisenach unter Führung von August Bebel und Wilhelm Liebknecht der Gründungskongress der Sozialdemokratischen Arbeiterpartei (SDAP) statt, eine Vorläuferorganisation der SPD.

148 Reuter-Wagner-Museum, Reuterweg 2, Tel. 03691 670209, Mi.–So. 14–17 Uhr, Eintritt: 4 €, erm. 2 €. Im ehemaligen Wohnhaus des plattdeutschen Bestsellerautors Fritz Reuter wird die größte Wagner-Sammlung außerhalb Bayreuths verwahrt.

★**149 Schmales Haus Eisenach,** Johannisplatz 9. Gerade einmal etwas mehr als 2 m breit, 20 m² Grundfläche, zwei Etagen. Eines der schmalsten Fachwerkhäuser Deutschlands wird auch als „Handtuch“ bezeichnet.

Infos und Reisetipps

150 Tourist-Information Eisenach, Markt 24, www.eisenach.info, Tel. 03691 79230, Di.–Sa. 10–17 Uhr

Essen und Trinken

151 Zucker & Zimt, Markt 2, Tel. 03691 2008230, www.zucker-und-zimt.de, So.–Fr. 9–18, Sa. 10–18 Uhr. Seit 1889 befindet sich in der unteren Etage des Hauses eine Konditorei. Die Palette reicht von moderner Tortenkunst bis zum Blechkuchen.

Einkaufen

152 Markt der Völker, Markt 23, www.eine-welt-eisenach.de, Mo.-Fr. 10-18, Sa. 10-14 Uhr. Eine-Welt-Laden mit Völkerverständigung im Sinn und fair gehandelten Produkten in den Regalen.

Unterhaltung

153 Landestheater Eisenach, Theaterplatz 4-7, Tel. 03691 256219, www.landestheater-eisenach.de. Ballett und Schauspiel in klassizistischer Architektur.

67 Marienglashöhle Friedrichroda ★ [C6]

Die Marienglashöhle liegt zwischen Friedrichroda und Bad Tabarz. Friedrichroda ist einer von drei heilklimatischen Kurorten in Thüringen, Bad Tabarz ein staatlich anerkanntes Kneipp-Heilbad. Doch neben Luft und Wasser weiß noch ein weiteres Element zu faszinieren.

Marienbildnisse zählen zu den wichtigsten Kunstwerken in Kirchen. Da sich Glas lange Zeit nicht fein verarbeiten ließ, wurden die Darstellungen früher mit einer Schicht aus **kristallinem Gips** geschützt – daher der Name **Marienglas.** Eine ehemalige Förderstätte ist diese Höhle, wobei ursprünglich nach etwas ganz anderem gesucht worden war.

Denn der Stollen war Ende des 18. Jh. in der Hoffnung auf Kupfer in den Berg getrieben worden. Stattdessen stieß man auf ein Gipslager und im Zuge des Abbaus schließlich 1778 auf eine der größten **Gipskristallgrotten** auf dem Kontinent.

Bereits 1904 diente diese ausschließlich als Schauhöhle, mit dem Zweiten Weltkrieg kam der Besucherbetrieb vorübergehend zum Erliegen. Dass die 1970er-Jahre zu den besucherreichsten zählen, ist kein Wunder, zählte **Friedrichroda** doch zu den beliebtesten Ferienzielen in der DDR. Wer sich für die kleinen oder großen Wunder der Natur begeistern kann, der ist hier in seinem Element. In der Höhle finden von Sept. bis April regelmäßig **Konzerte** statt.

› **Anfahrt:** Thüringer-Waldbahn-Linie 4 (s. S. 37) bis Marienglashöhle

Meine Tipps

Thüringen für Eilige

Keine Zeit für den ganzen Freistaat? Dann lohnt es sich, bei **mini-a-thür** in der **Uhrmacherstadt Ruhla** [B5] vorbeizuschauen. Denn dort werden Sehenswürdigkeiten des Bundeslandes im Maßstab 1 : 25 gezeigt. In Ruhla steht übrigens mit **St. Concordia** eine der wenigen **Winkelkirchen** Deutschlands.

★**154 mini-a-thür,** Geschwister-Scholl-Str. 32, Ruhla, www.mini-a-thuer.de, Tel. 036929 80008, April-Okt. tägl. 10-18 Eintritt: 12 €, erm. 9 €, bis 15 Jahre 8 €, bis 4 Jahre frei

Ringsum Ferien, oben auch!

„Ringsum Ferien" – damit werben die Gemeinden am Fuße des **Großen Inselsbergs** [C6] und auch auf dem Gipfel, der mit 916,50 m vierthöchsten Erhebung Thüringens, kann man eine schöne Zeit verbringen. Die Voraussetzungen dafür sind mit **Aussichtsturm** und **Sommerrodelbahn** bzw. **Sessellift** und **Skipiste** in jedem Fall gegeben.

★**155 Erlebnisturm Großer Inselsberg,** Inselsbergstr. 126, Bad Tabarz, www.bad-tabarz.de/touristinfo/ausflugsziele-attraktionen, April-Okt. tägl. 10-16 Uhr, Eintritt: 4,50 €, erm. 2,50 €, bis 5 Jahre frei

Kaum genug Platz für ein Bett: das Schmale Haus in Eisenach

MEIN TIPP

Naturspektakel mit Wasserhahn

Der höchste Wasserfall des Landes ist künstlicher Natur und nur im Sommer in „Betrieb“. Dann aber rauscht das Nass über die Granitfelsen und mehr als 50 m in die Tiefe.

★**156 Trusetaler Wasserfall,** Brotteroder Str. 49, Brotterode-Trusetal, https://tourismus.brotterode-trusetal.de, Ostern–Okt., Eintritt frei

› An der B88, Friedrichroda, Tel. 03623 311667, www.marienglashoehle-friedrichroda.de, April–Okt. tägl. 10–17, Nov.–März 10–16 Uhr, Eintritt: 9 €, erm. 5,50 €, bis 5 Jahre frei, Besichtigung nur mit Führung (ca. 45 Min.), warme Kleidung empfohlen (ca. 9 °C)

68 Oberhof ★ [D6]

Ob mit Ski- oder Wanderstock: Die am Rennsteig (s. S. 116) gelegene Gemeinde ist die erste Adresse, wenn es um Leistungs- und Freizeitsport geht.

Mit dem Aufkommen von Erholungsreisen im 19. Jh. weckte Oberhof zunächst das Interesse von Sommerfrischlern. Ein entscheidender Schritt in Richtung Ferienort war die Eröffnung des **Brandleitetunnels,** der einen Anschluss an das Schienennetz bedeutete. Die verbesserte Zugänglichkeit auch in den rauen Monaten begünstigte die Entwicklung zum mondänen **Wintersportort,** zu einem „deutschen St. Moritz“. Gleichzeitig etablierte sich die Stadt als **Höhenluftkurort.** Zu DDR-Zeiten wurde Oberhof in großem Stil für den Massentourismus ausgebaut, wovon beispielsweise noch das markante **Hotel Panorama** zeugt, aber auch der **Obere Hof** – mit sieben Restaurants einst der größte Gaststättenkomplex im Osten und heute ein **Einkaufs- und Kulturzentrum** im Zentrum der Stadt.

Viele erfolgreiche deutsche Athleten – darunter Ausnahmebobfahrer wie Wolfgang Hoppe, André Lange und Kevin Kuske oder die Top-Biathleten Andrea Henkel, Kati Wilhelm, Frank Luck und Sven Fischer – haben bereits auf den Sportanlagen des Oberhofer **Olympiazentrums** trainiert, zu denen u. a. eine **Skisprungschanze** gehört. Abseits der Wettkämpfe kann auf den Pisten, Loipen und Bahnen gesportelt werden, etwa in der ganzjährig geöffneten **Skisport-Halle** mit Langlaufstrecke. Im Sommer hängen die Räder der Downhill-Fahrer an den **Liftsesseln.** Und dann gibt es ja noch den **Rennsteig,** der südwestlich der Stadt zum Wandern einlädt.

› www.oberhof.de

●**157 Lotto Thüringen Skisport-Halle,** Tambacher Str. 44, Tel. 036842 525111, www.oberhof-skisporthalle.de, aktuelle Öffnungszeiten für den Breitensport und den Besucherbalkon siehe Website unter „Öffnungszeiten & Preise“, Eintritt: 1–10 Std. 15–80 €, erm. 25 % Rabatt, Kinder halber Preis, bis 5 Jahre frei. Hier erlebt man Skivergnügen zu jeder Jahreszeit, inklusive Skiverleih und umfangreichem Service.

★**158 Rennsteiggarten,** Am Pfanntalskopf 3, Tel. 036842 22245, www.rennsteiggartenoberhof.de, Mai–Sept. tägl. 10–17, Okt. bis 16 Uhr, Eintritt: 10 €, erm. 9 €, Kinder 3,50 €, bis 6 Jahre frei. Schön angelegter botanischer Garten für Gebirgsflora, dessen Besuch sich besonders im Frühling und Sommer lohnt. Hunde verboten. Mit Café.

Infos und Reisetipps

› **Anfahrt:** Der Oberhofer Bhf. wird seit 2017 nicht mehr planmäßig angefahren. Stattdessen nimmt man Bahn oder

Flixbus bis ins nahe gelegene Zella-Mehlis [C7], dann geht es weiter mit Bus 422 bis zum Busbhf. Oberhof.

› **Oberhof Card:** s. S. 135

Essen und Trinken

159 Café Luck, Crawinkler Str. 1, www.sportluck.de, tägl. 10–18 Uhr. Großes Frühstücksangebot, hauseigene Bäckerei, Tortenwerkstatt Schneegestöber und angeschlossener Viba Nougat Store.

160 Vergissmeinnicht €€€, Crawinkler Str. 10, Tel. 036842 22346, www.haus-vergissmeinnicht.de, tägl. 8–11 u. ab 17 Uhr. Die guten Klassiker werden in diesem Haus nicht vergessen, sondern zu einem Wohnstuben-Dinner mit drei Gängen zusammengestellt.

Einkaufen

161 Sportwelt Oberhof by Germina, Dr.-Theodor-Neubauer-Str. 10, www.sportwelt-oberhof.de, tägl. 9–18 Uhr. Das Kombinat Germina produzierte die Sportgeräte, mit denen die DDR einst Medaillen holte. Heute steht die Bezeichnung für Premium-Sportartikel „made in Germany“. Auch Ski- und Radverleih.

69 Ilmenau ★★ [D6]

„Goethe war hier.“ Auf keine andere Stadt Thüringens, von Weimar 28 und Jena 42 einmal abgesehen, treffen diese Worte besser zu. Der Dichter hinterließ jedoch nicht nur eine legendäre Inschrift, seine Anwesenheit markierte auch einen generellen Wandel in der Region.

„Ilmenau – himmelblau.“ Der Slogan, der einem vor Ort immer wieder begegnet, erschließt sich dem Besucher nicht sofort. Angespielt wird auf das Wetter, klar, aber auch auf den Volksmund. „In Ilmenau, da ist der Himmel blau, da tanzt der Ziegenbock mit seiner Frau“, weiß der zu berichten und bezieht sich damit einerseits auf den Ziegenbrunnen in der Lindenstraße. Andererseits ist der Himmel über dem Wahrzeichen Ilmenaus oft strahlend blau, während sich am Horizont Wolken türmen – die **Kessellage** der Stadt wirkt sich klimatisch günstig aus.

Ilmenau wurde bereits im 13. Jh. erstmals erwähnt, allerdings fiel 1752 fast die gesamte Bebauung einem Stadtbrand zum Opfer, sodass sich im **Stadtbild** heute Spätbarock und Architektur jüngerer Epochen zeigt. Dass im 18. Jh. auch der lange

064mt-db

Bronzeskulptur „Am Weg“ vor der Stadt-Apotheke, dahinter St. Jakobus

betriebene **Erzbergbau** zum Erliegen kam, vergrößerte die Sorgen. Herzog Carl August schickte seinen Bergbauminister **Goethe** (s. S. 61), um der Sache neuen Schwung zu geben.

Goethe sollte sich insgesamt fast ein Jahr lang in Ilmenau aufhalten. „Wie kehrt' ich oft mit wechselndem Geschicke,/Erhabner Berg! an deinen Fuß zurücke“, schrieb er in seiner **Hymne „Ilmenau“.** Aus jenem Berg förderte auch der Dichter nichts mehr, dafür stieß er die **Glas- und Porzellanherstellung** an, die für die Region sehr wichtig werden sollte.

Neben seinen administrativen Aufgaben unternahm er naturwissenschaftliche Studien und war auch künstlerisch produktiv. Das „heitere Landstädtchen“ in seinem „Wilhelm Meister“ erinnert stark an Ilmenau. Bei einer Wanderung im Jahr 1780 „bekritzelte“ der Dichter die Wand eines Holzhäuschens auf dem **Kickelhahn**, das heutige **Goethehäuschen**, mit dem Gedicht **„Wanderers Nachtlied“**, eines der bekanntesten Gedichte Goethes. Es beginnt mit den berühmten Worten „Über allen Gipfeln ist Ruh'“. Bevor er sich 1832 selbst zur Ruhe legte, feierte er seinen letzten Geburtstag im Ilmenauer Hotel „Zum Löwen“.

Die Stadt wurde nun mehr und mehr zum Ziel weiterer Weimarer Prominenz. Für den **Kurbetrieb**, der erst mit dem Ersten Weltkrieg wieder zum Erliegen kam, errichtete man ein ganzes Viertel neu, die **Lindenstraße** wurde zur Promenade der feinen Gesellschaft.

Prosperität brachte zudem die **Industrialisierung:** Porzellanwerke und Glasfabriken entstanden, später dominierte der Maschinenbau. Das Know-how lieferte seit 1894 die **Technische Universität**, die das Leben in der Stadt bis in die Gegenwart maßgeblich bestimmt. Etwa ein Drittel der Bewohner sind an der Hochschule entweder angestellt oder eingeschrieben.

Was heute zu Ilmenau zählt, gehörte bis 1920 fünf verschiedenen Herzogtümern an – zahlreiche **Eingemeindungen** haben einen Anteil daran. Doch nur dadurch gelang es, die Auswirkungen des „Strukturwandels“ nach der Wende einigermaßen abzufangen. Heute wirbt Ilmenau als **„Goethe- und Universitätsstadt“** für sich, dem Dichter sind zwei Museen gewidmet.

› www.ilmenau.de

★**162 Goethehäuschen am Kickelhahnturm.** Hier entstanden die berühmten Zeilen „Über allen Gipfeln ist Ruh'“. 1,5 km müssen mindestens zu Fuß zurückgelegt werden.

› **Goethewanderweg:** Die Route verbindet 17 Wirkungsstätten Goethes (www.ilmenau.de/goethewanderweg).

163 GoetheStadtMuseum Ilmenau, Am Markt 1, Tel. 03677 600321, www.ilmenau.de (unter „Freizeit“/„Museen und Kulturstätten“), Mai–Okt. Di.–So. 10–17 Uhr, Nov.–April Mi.–So. 10–16 Uhr, Eintritt: 6 €, erm. 3 €, bis 14 Jahre frei. Regionalgeschichtliches Museum mit Fokus auf Goethes Wirken.

164 Museum Jagdhaus Gabelbach, Waldstr. 24, Tel. 03677 202626, www.ilmenau.de (unter „Freizeit“/„Museen und Kulturstätten“), Mai–Okt. Di.–So. 10–17, Nov.–April Mi.–So. 10–16 Uhr, Eintritt: 6 €, erm. 3 €, bis 14 Jahre frei. Unter Carl August 1783 errichteter Bau, der Ausgangspunkt für Erkundungen Goethes war. Ausstellungen zur Jagd und zum Weimarer Hof.

Essen und Trinken

165 Arche, Str. des Friedens 28, Tel. 03677 894711, Mo.–Fr. 10–18, Sa.

9–14 Uhr. Kunsthandwerk aus aller Welt und ein umfangreiches Kaffee- sowie Teeangebot.

Einkaufen

166 DDR Kaufhalle, Str. des Friedens 6, www.ddrkaufhalle.de, Di.–Fr. 11–17, Sa. 10–13 Uhr. Produkte aus den neuen Bundesländern und jede Menge Ostalgie.

167 Lotthilde, Marktstr. 13, www.lotthilde.de, Mo./Mi. 10–15, Di. 10–13 und 15–17, Do./Fr. 10–13 und 16–18 Uhr. Rucksäcke, Taschen u. v. m. Produkte mit Herzblut aus Handfertigung.

70 Thüringer Bergbahn ★★[E7]

Die längste Zeit mussten die Bewohner auf den Höhenzügen an der Schwarza alles, was sie benötigten, eigenständig hinauf- und hinabtransportieren. Abhilfe brachte die Bergbahn nach Oberweißbach.

Das **Schwarzatal** war bereits Ende des 19. Jh. ans Schienennetz angebunden, außen vor blieben jedoch vier höher gelegene Ortschaften, die im Winter kaum zu erreichen waren. Sie beteiligten sich 1919 an der Oberweißbacher Bergbahn AG, deren Ziel die Einrichtung einer **Standseilbahn zur Bergstation** sowie einer **Flachstrecke zum Endbahnhof Cursdorf** war.

Die Umsetzung weist einige technische Finessen auf. So können etwa mittels einer Güterbühne normalspurige Personen- und Lastwaggons transportiert werden. Längst wird die Bergbahn deshalb als **Denkmal** der Produktions- und Verkehrsgeschichte betrieben. Dass sie inzwischen mehr als touristisches Highlight denn als pragmatische Verkehrslösung gesehen wird, liegt v. a. am **malerischen Blick** in die Natur, der während der Fahrt gewährt wird. Die Stationen Obstfelderschmiede und Lichtenhain wurden als Bahnhöfe des Jahres 2015 ausgezeichnet.

An der **Station Lichtenhain** hat die Deutsche Bahn, die heute die Strecke betreibt, mit dem **Maschinarium** eine Möglichkeit geschaffen, einen Blick auf die Antriebstechnik zu werfen. In unmittelbarer Nähe befindet sich der **Erlebnispfad Fröbelwald** – der Begründer des Kindergartens, Friedrich Fröbel (s. S. 80), stammte aus **Oberweißbach.**

Ein besonderer Höhepunkt auf der Flachstrecke ist die Fahrt mit dem **Olitätenwagen**, bei dem Duftkasten und Kräuter-Memo Einblick in die Welt der Naturheilmittel gewähren sowie Glasdach und Ferngläser einen guten Ausblick ermöglichen. In der Region waren einst Händler unterwegs, die Olitäten, also Naturheilwaren, feilboten. Da es weder befestigte Straßen noch Zugstrecken gab, mussten sie ihren Waren auf dem Rücken transportieren, weshalb sie auch „Buckelapotheker“ genannt wurden.

- **Startbahnhof:** An der Bergbahn 1, Schwarzatal, Tel. 036705 20134, www.thueringerbergbahn.com
- **Thüringer Bergbahn (Obstfelderschmiede – Lichtenhain – Cursdorf),** tägl. 6.30–20 Uhr im Halbstundentakt
- **Schwarzatalbahn (Rottenbach – Katzhütte),** tägl. 6–21 Uhr im Stundentakt
- **Tickets:** Einzelfahrt (Bergbahn, Flachstrecke, Schwarzatalbahn) 11 €, erm. 8 €, Kinder 4 €, Hund 4 €, Rad 2 €, Tagesticket April–Okt. 15 €, erm. 12 €, Nov.–März Mo.–Fr. 11 €, erm. 8 €, Sa./So. 15 €, erm. 12 €, nur Flachstrecke (Lichtenhain – Cursdorf) 1,50 €
- **Maschinarium,** Eintritt: 2 €, bis 5 Jahre frei
- **Fröbelwald,** ganzjährig geöffnet, Eintritt frei

71 Suhl ★★ [D7]

„Suhl trifft" – der offizielle Slogan der Stadt spielt auf die Tradition des Waffenbaus an, die Suhl lange geprägt hat und der man heute im Waffenmuseum 72 *auf den Grund gehen kann. Die sozialistischen Planbauten in malerischer Umgebung wecken Interesse.*

Weit vor dem Jahr 1500 ließen sich in der Bergbaustadt Büchsenmacher nieder, um das gewonnene Eisenerz zu verarbeiten. Zur Zeit des Dreißigjährigen Krieges galt Suhl als **„Rüstkammer Europas"**, wurde aber, weil es alle beteiligten Parteien belieferte, auch selbst zum Angriffsziel.

1751 wurde **J. P. Sauer & Sohn** gegründet, die **erste deutsche Waffenfabrik,** Nummer zwei auf dem Kontinent. Eine regelrechte Explosion erlebte das Gewerbe im Zeitalter der Industrialisierung. Kam der Bergbau auch zum Erliegen, das Geschäft mit dem Kampfgerät florierte. Das von Moses Simson gegründete Unternehmen **Simson & Co** war im Dritten Reich eines der ersten, das „arisiert" wurde. In der vollständig auf Rüstung ausgerichteten Stadt schufteten im Zweiten Weltkrieg mehr als 10.000 Zwangsarbeiter.

066mt-db

In der DDR wurde Suhl **Bezirkshauptstadt** und großflächig umgestaltet, wie man noch heute u. a. am **Kulturhaus** sehen kann. Simson schwenkte auf Fahrzeugbau um und wurde zweitweise zum größten deutschen **Zweiradhersteller.**

Zehn eingemeindete Dörfer, Plattenbauten in der Innenstadt – derart uneinheitlich zeigt sich die Stadt heute. Zwar ist sie noch immer die bedeutendste Gemeinde Südthüringens, dennoch hat sich die **Einwohnerzahl seit der Wende nahezu halbiert** – keine andere ostdeutsche Kommune hat mehr Einwohner eingebüßt, keine deutsche Stadt weist ein höheres Durchschnittsalter auf.

Suhl liegt am **Südhang des Thüringer Waldes.** Mit dem **Großen Beerberg,** dem **Schneekopf** und dem **Großen Finsterberg** befinden sich die drei höchsten Berge des Bundeslands in der unmittelbaren Umgebung. Darüber hinaus stellen der **Rennsteig** (s. S. 116) und das zwischen waldreichen Hängen gelegene **Vessertal** ausgesprochen lohnende Ausflugsziele dar.

› www.suhl-tourismus.de
› **www.kaufinsuhl.de:** Überblick über regionale Händler und Dienstleistungen

72 Waffenmuseum Suhl ★ [D7]

Das Zentrum Suhls wurde vom 15. bis 18. Jh. mehrmals von schweren Bränden zerstört und im Sozialismus transformiert – das 1668 im hennebergisch-fränkischen Stil errichtete **Malzhaus** blieb jedoch erhalten. Bis zum Ende des 19. Jh. wurde dort das Basisprodukt fürs Bier hergestellt. Im Zuge der aufkommenden Industrialisierung verlor die Gemeindebrauerei an Bedeutung.

Ungebrochen ist hingegen der Rang Suhls im Bereich des Waffenbaus.

Die städtische Berufsfachschule für Büchsenmacher und Graveure ist die einzige ihrer Art in ganz Deutschland. Im **europaweit einzigen Spezialmuseum für Handfeuerwaffen** kann somit auf eine fast 600-jährige Tradition zurückgeblickt werden. In der hauseigenen Infrarot-Schießanlage darf sogar selbst angelegt werden.

› Friedrich-König-Str. 19, Tel. 03681 742218, www.waffenmuseumsuhl.de, tägl. 10–18 Uhr, Eintritt: 6 €, erm. 4 €, Schüler 2 €, bis 5 Jahre frei

Weitere Attraktion

168 Fahrzeugmuseum Suhl, Friedrich-König-Str. 7, Tel. 03681 705004, www.fahrzeug-museum-suhl.de, tägl. 10–18 Uhr (letzter Einlass 17 Uhr), Eintritt: 9 €, erm. 7 €. Wer sich für ostdeutsche Fahrzeugproduktion begeistern kann, wird nicht enttäuscht.

Essen und Trinken

169 Gastmahl des Meeres €, Steinweg 15, Tel. 03681 723820, www.gastmahl-des-meeres-suhl.de, Mo.–Sa. 10.30–22, So. 10.30–15 Uhr. Fisch in Suhl? Jawohl, und das schon seit 50 Jahren. Unter diesem Namen betrieb die Handelsorganisation der DDR Fischgaststätten, von denen heute nur noch eine Handvoll existiert.

Einkaufen

171 Handverlesen – Die Glückskrämerei, Kirchgasse 16, www.handverlesen-suhl.de, Mo.–Fr. 9–18, Sa. 10–14 Uhr. Fachgeschäft für ausgewählten Genuss, Geschenke und Einzelstücke lokaler Künstler.

172 Suhler Weinkeller, Steinweg 33, www.weinkeller-suhl.de, Mo.–Fr. 10–18, Sa. 10–13 Uhr. Weingeschäft in einem Kellergewölbe, dessen Angebot mit vielen regionalen Produkten weit über Wein hinausgeht.

065mt-db

MEIN TIPP

Szuki Yaki Suhler Art

„Ich habe mir nie träumen lassen, im südlichen Teil der DDR […] ein echt japanisches Gericht essen zu können." Mit diesen Worten wurde der im Land weilende Student Mutsumi Hayashi 1966 in einer Meldung der Nachrichtenagentur ADN zitiert. Gespeist hatte er in einer **HO-Gaststätte,** deren Leiter sich für noch östlichere Küche begeisterte. 15 Jahre lang war der „Waffenschmied" das **einzige japanische Restaurant in der DDR.** Seine Geschichte wurde im **Film „Sushi in Suhl"** verarbeitet. Die heute unter dem Namen firmierende Gaststätte serviert Thüringer Tradition.

170 Suhler Waffenschmied €€, Gothaer Str. 10, www.suhler-waffenschmied.de, Tel. 03681 721022

Fahrzeugenthusiasten begeben sich mit Vollgas zum Suhler Fahrzeugmuseum

Treffpunkt Suhl: Herrenteich am Kulturhaus

Südthüringen

Zwischen Thüringer Wald und Rhön gibt es **salzhaltige Luft** (s. unten), **Nougat** in Stangenform (s. Viba auf S. 125) und mehr **Hütes** als Hüte (s. S. 107). Historisch verankert ist die Verbindung zur Region Franken respektive zur Grafschaft Henneberg.

- www.werratal.de
- www.rhoen.info
- www.biosphaerenreservat-rhoen.de

73 Gradierwerk Bad Salzungen ★ [B6]

Die Geschichte von Bad Salzungen ist seit jeher eng mit der Gewinnung des „Weißen Goldes" verbunden. Heute steht allerdings mehr die Erholung im Vordergrund.

Bereits bei der Ersterwähnung einer Siedlung am **Mittellauf der Werra** im Jahr 775 ist von **Salzgewinnung** die Rede. Die aus den Quellen gewonnene **Sole** wurde damals noch in großen Siedepfannen verkocht – ein Verfahren, bei dem große Mengen an Feuerholz eingesetzt werden mussten. Erst ab dem 16. Jh. ließ man das salzhaltige Wasser an hohen Wänden aus Schwarzdornreisig herunterfließen und Wind und Sonne zur Verdunstung beitragen. Die Sole brachte Wohlstand in die Stadt. Etwa 200 Jahre später stieß man bei Bohrungen auf hochprozentigere Sole, was die Gradierwerke überflüssig machte. Zeitgleich wurde die heilende Wirkung der salzhaltigen Luft bestätigt und so setzte der **Kurbetrieb** ein. Seit 1923 trägt die Stadt den Namen Bad Salzungen.

Neben den historischen **Gradierhallen** beeindruckt ferner der **Mittelbau**, der im hennebergisch-fränkischen Fachwerkstil errichtet wurde. Im ehemaligen Inhalatorium und im alten Sole-Bohrtum wurde ein **Museum** eingerichtet. Auch ein Besuch der modernen **Badelandschaft Solewelt** lohnt sich – denn Erholung ist in Bad Salzungen einfach das Salz in der Suppe.

- An den Gradierhäusern 4, www.gradierwerk-badsalzungen.de, Rundgang tägl. 8–20 Uhr
- **Museum am Gradierwerk,** Tel. 03695 693471, www.museum-badsalzungen.de, tägl. 10–17 Uhr, Eintritt: 3 €, erm. 2 €, bis 16 Jahre frei, Infos zum Schausieden März–Okt. s. Website
- **Tourist-Information Bad Salzungen,** im Museum am Gradierwerk, Tel. 03695 693420, www.tourismus-badsalzungen.de, tägl. 10–17 Uhr

•173 **Solewelt Bad Salzungen,** Am Flößrasen 1, Tel. 03695 69340, www.solewelt.de, Aktivbad und Saunaland Di.–Do. 11–21, Fr. 11–22, Sa. 10–22, So. 10–21 Uhr, Totes-Meer-Salzgrotte Mo.–Fr. 8–19, Sa./So. 10–19 Uhr, Eintritt: Aktivbad 3 Std. 14 €, erm. 7 €, Tageskarte 16 €, erm. 8 €, mit Saunaland 3 Std. 20 €, erm. 10 €, Tageskarte 24 €, erm. 12 €, Totes-Meer-Salzgrotte 45 Min. 9 €, erm. 4,50 €, bis 5 Jahre frei

74 Schmalkalden ★★ [C6]

Schmalkalden ist bekannt für seine malerische, von Fachwerkhäusern geprägte Altstadt. Ein Blick in die Geschichte offenbart, dass das Städtchen lange Zeit zu Hessen gehörte.

Für einen Ort, der in seiner fast 800 Jahre währenden Geschichte selten mehr als 20.000 Einwohner gesehen hat, hat Schmalkalden sich mit großen Lettern in den Zeitenlauf eingeschrieben. Während der **Reformation** geriet es in den Fokus, als sich 1531 vor Ort die protestantischen Fürsten und Städte gegen Kaiser Karl V. auf ein Verteidigungsbündnis verständigten, das wir heute als **Schmalkaldischen Bund** kennen.

Mehrere Zusammenkünfte des Bundes fanden in Schmalkalden statt, der wichtigste sicherlich im Jahr 1537. Während des Bundestags predigte **Luther** (s. S. 45) in der Stadtkirche St. Georg. Er hatte kurz zuvor mit den **Schmalkaldischen Artikeln** ein schriftliches Bekenntnis abgelegt, das heute gewissermaßen als sein theologisches Vermächtnis angesehen wird: „Dis sind die Artikel, darauff ich stehen mus und stehen wil bis inn meinen tod." Der Bund, der sich damals noch auf dem Höhepunkt seiner Macht befand, hielt bis zur Niederlage im **Schmalkaldischen Krieg** zehn Jahre später.

Neben dem sächsischen Kurfürsten Johann Friedrich I. war Landgraf **Philipp I. von Hessen** (1504–1567) eine der führenden Figuren des Bundes. Schmalkalden sollte noch bis 1944 mit Hessen verbunden bleiben, wurde dann jedoch dem Regierungsbezirk Erfurt und nach der Gründung der DDR dem Bezirk Suhl unterstellt. Die seitdem bestehende verwaltungstechnische Trennung hat zwar längst nicht alle Lebensbereiche erfasst – es wird teilweise noch hessisch „gebabbelt" –, zur Angliederung an das benachbarte Bundesland langte es nach der Wiedervereinigung jedoch nicht.

Mit ihren kleinen Plätzen und engen Gassen, gesäumt von aufwendig restauriertem **Fachwerk**, erscheint insbesondere die **Altstadt** wie eine Verkörperung der europäischen Kulturgeschichte, die man mitunter nur für Ausflüge in den Thüringer Wald verlassen mag – denn Schmalkalden liegt auf der Sonnenseite des Mittelgebirges.

› www.schmalkalden.com

063mt-db

75 Schloss Wilhelmsburg ★★ [C6]

Im 16. Jh. wurde nicht nur das Geschehen in Europa durch den in Schmalkalden geschmiedeten Bund geprägt, auch die Stadt selbst erhielt ihren Fixpunkt. Die widerspenstigen Protestanten hatten noch auf die Reste der **Wallrabsburg** der **Grafen von Henneberg** geblickt, doch 1583 wurde Wilhelm IV. von Hessen-Kassel zum alleinigen Herrscher über die Region. Der Landgraf ließ die alte Festung abreißen und ein standesgemäßes Schloss errichten.

Da die Wilhelmsburg über die Jahrhunderte kaum umgebaut wurde, gilt sie heute als die **besterhaltene Renaissance-Anlage Thüringens.** Das hier ansässige **Museum** gewährt Einblicke in die Gesellschaft bei Hofe und klärt über die Zeit der Reformation in Schmalkalden auf.

⌃ *Schloss Wilhelmsburg vom Terrassengarten aus gesehen*

067mt-db

› Schlossberg 9, Tel. 03683 403186, www.museumwilhelmsburg.de, April–Okt. tägl. 10–18, Nov.–März Di.–So. 10–16 Uhr, Eintritt: 6 €, erm. 4 €, bis 18 Jahre frei

Essen und Trinken

174 **Café Liebaug,** Weidebrunner Gasse 10, Tel. 03683 600194, Di.–Fr. 9–18, Sa. 9–12 u. 14–18, So. 10–12 u. 14–18 Uhr. Konditoreicafé in siebter Generation mit Blick auf den historischen Neumarkt.

Einkaufen

175 **Trauminsel & Culinaria,** Mohrengasse 2, www.trauminsel-schmalkalden.de, Mo.–Fr. 9.30–18, Sa. 9.30–13 Uhr. Köstlichkeiten aus aller Welt und regionale Leckereien.

176 **Viba Nougat-Welt,** Nougat Allee 1, www.viba-schmalkalden.de, tägl. 10–17 Uhr. Die Schauconfiserie gewährt Einblick in den Herstellungsprozess der bekannten Nougatstange.

Eine Menge Holz: Fachwerk am Altmarkt in Schmalkalden 74

MEIN TIPP

Murals neben Mittelalter

2014 lud der Kulturverein „Villa K" renommierte Street-Art-Künstler ein, sich im Rahmen des **Urban-Art-Festivals „Wallcome"** mit dem jüdischen Erbe der Stadt zu beschäftigen. Heraus kamen sog. Murals, großflächige Wandmalereien, die nach wie vor einige Häuser in Schmalkalden 74 zieren. Sie bilden eine **begehbare Kunstgalerie,** die Kontrapunkte zum Fachwerk setzt.

› wallcome.de

76 Meiningen ★★ [C7]

Wer an Meiningen denkt, dem kommt vielleicht das Treiben bei Hofe oder der Trubel auf der Bühne in Sinn. Aber eigentlich betritt man die „heimliche Hauptstadt Deutschlands".

Welches ist der ideale Ort auf deutschem Staatsgebiet, um eine neue Stadt aufzubauen? Das wollten Forscher der TU Kaiserslautern im Jahr 2000 herausfinden. Der urbane Fixpunkt sollte selbstredend von Menschen bewohnbar und gut zugänglich sein. Die Nähe zu Flüssen und ein angenehmes Klima, erschließbare Bodenschätze wie fruchtbare Böden und attraktive Freizeitmöglichkeiten waren wichtige Faktoren. Das Ergebnis: Die Stadt mit den besten Voraussetzungen, die **Q-City,** ist Meiningen!

Malerisch zieht sich die Stadt zwischen Thüringer Wald und Rhön an der **Werra** entlang. Der Ortsteil Henneberg befindet sich schon fast in Bayern, die hessische Grenze ist ebenfalls nicht weit entfernt. Meiningen gehört zur länderübergreifenden **Region Franken,** die Nähe ist nicht nur geografisch gegeben, sondern historisch bedingt. Die Stadt wurde bereits im Fränkischen Reich als Königsgut erwähnt, unterstand über Jahrhunderte hinweg den **Bischöfen von Würzburg** und fungierte als Verwaltungssitz der fränkischen **Grafschaft Henneberg.**

Als 1680 durch Erbteilung das Herzogtum Sachsen-Meiningen entstand, wurde die Stadt als **Residenzsitz** auserwählt. Kulturell konnten in der Folge mit der Errichtung von Schloss Elisabethenburg 77, einer europaweit rezipierten Revolution des Bühnenspiels und einer Aufwertung der Hofkapelle (s. S. 109) Ausrufezeichen gesetzt werden.

Um 1900 zählte Meiningen zudem zu den bedeutendsten Finanzstandorten Deutschlands – ein Erbe jener Zeit sind etliche Prachtgebäude entlang der Leipziger Straße. Im Stadtbild dominieren heute nicht nur **Gründerzeitbauten**, sondern auch reichlich **Fachwerk.** Herausragende Beispiele für Letzteres sind etwa das **Henneberger Haus** (Georgstr. 2 A) und das **Büchnersche Hinterhaus.**

Nach dem Ersten Weltkrieg kam Meiningen zu Thüringen, die deutsche Teilung kappte die Verbindungen nach Südwesten vollends. Im Grenzgebiet gelegen, war die Stadt

Die Knolle von Frau Holle

Klöße? Man hüte sich! **„Hütes“** werden die Kartoffelklopse in der Region um Meiningen 76 genannt. Die Deutungshoheit beanspruchen die Meininger nicht ohne Grund. Frau Holle, aus dem Grimm'schen Märchen bekannt als Bettenaufschüttlerin, soll auch mit der Kochkelle ordentlich gewirbelt haben. In Versform gebracht hat dies der Dichter **Rudolf Baumbach** (1840–1905). So soll die germanische Himmelsgöttin einst, als Bauernweib getarnt, in der Stadt in eine Gastwirtschaft eingekehrt sein: „Frau Holle nahm den Krug, und – gluck –/That sie recht herzhaft einen Schluck./Doch wie der Strom zu Thale lief,/Zog sich ihr Mund bedenklich schief.“ Wie man es, mit Omnipotenz ausgestattet, halt so macht, ließ Frau Holle mal eben alle Reben ringsum erfrieren. Als sie nun aber im Frühling die weinenden Winzer sah, gab ihnen Frau Holle als Ersatz die Knolle – und dem Bürgermeister zugleich Tipps zur Zubereitung: „Du Sohn uralten Stadtgeblühtes/Hier hast du das Receptum. – Hüt'es!“

Wie bei Sagen so üblich, hat auch die von der tollen Knolle einen wahren Kern: Im Mittelalter gab es tatsächlich eine Periode mit strengeren Temperaturen, die sogenannte Kleine Eiszeit. Für das Jahr 1522 ist für Meiningen ein Kälteeinbruch samt Ernteausfall belegt. Abhilfe brachte durchaus die Kartoffel, allerdings setzte die sich erst um das Jahr 1700 in Thüringen durch. Die beiden Ereignisse wurden in der Überlieferung zusammengeführt und von Baumbach abgeschmeckt.

Auch der Ort, an dem der allererste Kloß gezaubert worden sein soll, ist übrigens mit sagenhafter Wahrscheinlichkeit überliefert: „So sprach Frau Holle, und alsbald/Ging sie in Küchenmagdgestalt/Bescheiden durch das Schlundhausthor/Und stellte sich dem Schlundwirth vor,/Der schmunzelnd auf die Köchin blickte/Und flugs sie in die Küche schickte.“

Das Schlundhaus beherbergt heute ein Hotel. Wer traditionelle Hütes probieren möchte, sollte sich etwa in die Schloss-Stuben (s. S. 110) begeben.

vom Status einer Q-City lange Zeit weit entfernt. Erst mit der Wiedervereinigung rückte sie wieder in den Mittelpunkt und wurde zum **wirtschaftlichen und kulturellen Zentrum Südwestthüringens.**

› www.meiningen.de

77 Schloss Elisabethenburg ★★ [C7]

Vom Barock bis zum Historismus, vom Begründer Sachsen-Meiningens bis zum „Theaterherzog" Georg II. (s. S. 109) – Schloss Elisabethenburg offenbart die Geschichte der Stadt unter adliger Herrschaft.

Denkt man sich den nachträglich frontal angefügten Rundbau weg, erschiene das Schloss aus der Vogelperspektive wie ein **großes „E"**. Die Form wird gern als Hinweis auf **Elisabeth Eleonore von Braunschweig-Wolfenbüttel** (1658–1729) gedeutet, der zweiten Ehefrau des ersten Herzogs von Sachsen-Meiningen, **Bernhard I.**, nach der die Anlage auch benannt ist. Nach dem Tod von Ernst dem Frommen war das Herzogtum Sachsen-Gotha unter dessen Söhnen aufgeteilt worden. Bernhard I. ließ in der erwählten Residenzstadt Meiningen 1682–1692 anstelle der Stadtburg ein Schloss errichten. Der Hauptflügel erhielt in der Mitte einen Turmanbau, der die Buchstabenform nahelegt. Das Hauptgebäude der früheren Burg wurde als Nordflügel integriert.

068mt-db

Elisabethenburg zählt heute zu den **größten Schlossbauten Thüringens.** Da verwundert es kaum, dass die immensen Kosten den Haushalt des Herzogtums arg belasteten. Der Herrscher war zudem ein Fan von Alchemie und Rüstungswesen – Leidenschaften, die die Untergebenen über Steuererhöhungen finanzierten.

Am **Musenhof Georgs II.** bezogen oft Künstler Quartier, darunter **Johannes Brahms** (1833–1897) und **Max Reger** (1873–1916). Zuvor hatte sich bereits **Schiller** während seines Asyls im nahen Bauerbach (s. S. 110) Bücher aus der **Hofbibliothek** bringen lassen. Deren Bestand landete allerdings 1945 als Beutekunst in der Sowjetunion und fand bislang nicht den Weg zurück.

Heute birgt das Schloss die **umfangreichste Kunstsammlung Thüringens.** Schwerpunkte in den rund 50 Ausstellungsräumen sind die Adelsgeschichte und die Einflüsse auf Theater sowie Tonkunst, die von Elisabethenburg ausgingen. Zur Sammlung gehört etwa das **Max-Reger-Archiv.** Fürs leibliche Wohl sorgen ein **Museumscafé** und die **Schloss-Stuben** (s. S. 110).

› Schloßplatz 1, Tel. 03693 881030, www.meiningermuseen.de, April–Sept. Di.–So. 10–18, Okt.–März Di.–So. 11–17 Uhr, Eintritt: 6 € (Kombiticket mit Literaturmuseum, s. S. 110), erm. 4,50 €, bis 6 Jahre frei

069mt-db

78 Staatstheater Meiningen ★ [C7]

Als „Kloßheim an der Soße“ wurde Meiningen ob seiner überschaubaren Dimensionen schon einmal bezeichnet. Dennoch vermochte es das städtische Schauspiel im 19. Jh., die europäische Theaterwelt zu reformieren.

„Dem Volke zur Freude und zur Erhebung“, heißt es am Portal des Großen Hauses, Bezug nehmend auf **Georg II. von Sachsen-Meiningen** (1826–1914). Dem Herzog war als Kind eine exzellente Kunstausbildung zuteilgeworden. Sobald er die Regierungsgeschäfte übernommen hatte, zog er auch die Leitung des unter seinem Vater, Herzog Bernhard II., errichteten Hoftheaters an sich. Derart engagiert zeigte sich der Regent, dass er auch als **„Theaterherzog“** bezeichnet wurde.

⌃ *Vorbildliches Theater: Die „Meininger Prinzipien“ beeinflussten u. a. die Royal Shakespeare Company*

‹ *Marmorbrunnen im Hof von Schloss Elisabethenburg*

Zielte Georg II. politisch auf eine Liberalisierung der Gesellschaft ab, ging er auf der Bühne gegen Selbstdarsteller vor und stärkte das Ensemble. Die Rolle der Regie wurde herausgehoben, werkgetreues Spiel eingefordert, um Authentizität in den Bereichen Bühnenbild und Kostüm gerungen. Der Naturalismus hatte die Bretter, die die Welt bedeuten, erreicht. Die **„Meininger Prinzipien“** entwickelten sich zu einem revolutionären Ansatz der Inszenierung, der zwischen 1874 und 1890 auf Tourneen in ganz Europa Erfolge verbuchte.

Etwa zeitgleich mit dem Aufstieg des Schauspiels gelang es **Hans von Bülow** (1830–1894), die **Meininger Hofkapelle** zu einem Klangkörper zu formen, der damals in einem Atemzug mit den Wiener Philharmonikern genannt wurde. Bülow brachte u. a. Brahms mehrmals nach Meiningen. Zu den Nachfolgern des Intendanten zählte etwa **Richard Strauss**, aber auch **Max Reger**, der einmal gesagt haben soll: „Es gibt nur ein Orchester, das ich haben möchte: Meiningen.“

Auf Georg II. geht auch der **neoklassizistische Bau** zurück, der das 1908 abgebrannte Hoftheater ersetzte. Der Tod des musisch interessierten Herzogs (25. Juni 1914) ereignete sich beinahe zur selben Zeit wie das Attentat von Sarajevo (28. Juni 1914). Dem Widerstand der Meininger Bürger ist es zu verdanken, dass sein Nachfolger Bernhard III. das Haus nicht aus Kostengründen schließen ließ. So können auch heute noch Aufführungen verfolgt werden, wo sich einst die Wiege des modernen Regietheaters befand.

› Bernhardstr. 5, Tel. 03693 451222, www.staatstheater-meiningen.de
› **Theaterführung:** ca. 90 Min., 5 €, erm. 3 €, Termine s. Website

Weitere Attraktionen

177 Literaturmuseum Baumbachhaus, Burggasse 22, www.meiningermuseen.de, Tel. 03693 502848, April–Sept. Di.–Fr. 10–13 u. 14–18, Okt.–März Di.–Fr. 11–13 u. 14–17 Uhr, Eintritt: 6 € (Kombiticket mit Schloss Elisabethenburg 77), erm. 4,50 €, bis 6 Jahre frei. „Hoch auf dem gelben Wagen“: Im Wohnhaus Rudolf Baumbachs wird auch über andere mit Meiningen verbundene Literaten wie Jean Paul informiert, der in der Stadt all das fand, was er benötigte: „Berge, Bücher und bitteres braunes Bier“.

178 Theatermuseum „Zauberwelt der Kulisse“, Schloßplatz 2, www.meiningermuseen.de, Tel. 03693 471290, Bühnenbildpräsentationen April–Sept. Di.–So. 10, 12, 14 und 16, Okt.–März Di.–So. 12, 14 und 16 Uhr, Eintritt: 5 €, erm. 3,50 €, bis 6 Jahre frei. Jährlich wird hier ein Bühnenbild der Meininger Theatergeschichte gezeigt.

Essen und Trinken

179 Café Neumann, Georgstr. 37, Tel. 03693 502635, www.cafeneumann.de, Mo.–Sa. 10–18 Uhr. Das Café belieferte schon den Hof des Herzogs. Süßes aus eigenem Hause und Spezialitäten aus kleinen Manufakturen.

› **Schloss-Stuben** €€, im Schloss Elisabethenburg 77, Tel. 03693 502344, www.schloss-stuben-mgn.de, Di.–Do. 11–21, Fr./Sa. 11–22, So. 11–14 Uhr. In der ehemaligen Küche des Herzogs werden die Hütes (Klöße) noch von Hand gefertigt.

Einkaufen

180 Deco-Natura, Anton-Ulrich-Str. 31, www.deco-natura.de, Mo./Di. u. Do./Fr. 10–18, Sa. 10–13 Uhr. Naturprodukte aus Thüringen, dazu allerhand handgefertigte Dekoartikel.

181 palajoe, Ludwig-Chronegk-Str. 10, www.palajoe.de, Mo.–Fr. 10–18, Sa. 10–13 Uhr. Inhabergeführte Boutique mit viel Geschmack in Sachen Damenmode.

Mein Tipp

Räuber und Ritter

Nach dem Skandal um „Die Räuber“ musste **Friedrich Schiller** (s. S. 60) Stuttgart verlassen und tauchte unter dem **Pseudonym Dr. Ritter** im thüringischen **Bauerbach** [B–C8] unter, wo er „Kabale und Liebe“ schrieb.

182 Schiller-Museum Bauerbach, Friedrich-Schiller-Str. 1, Grabfeld, Ortsteil Bauerbach, Tel. 03643 545400, www.klassik-stiftung.de/schiller-museum-bauerbach, Ende März–Okt. Fr.–So. 13–17 Uhr, Eintritt: 4 €, erm. 3 €, Schüler 1 €, bis 15 Jahre frei

071mt©Johannes Hulsch, Nationalpark-Verwaltung Hainich

Baden und Wassersport

Da das Meer fernab der Landesgrenzen liegt, ist, von kleineren Seen und Freibädern abgesehen, die Stauseenlandschaft des **Thüringer Meers** 52 die erste Adresse für Aktivitäten auf oder im Wasser. An **Bleiloch- und Hohenwarte-Talsperre** gibt es in der Regel ausgewiesene **Badestellen.** Wie im gesamten Gebiet der ehemaligen DDR ist auch in der Region die Freikörperkultur vergleichsweise weit verbreitet, überwiegend gibt es aber abgetrennte Strandabschnitte.

Bootsverleih

S183 **Bootsverleih Hohenwarte,** An der Sperrmauer, Tel. 0175 1122154, www.bootsschau.de/bootsverleih, Mo.–Fr. 9.30–12 u. 13–18, Sa. 9.30–11.30 Uhr und nach Absprache. Verleih von Ruder- und Tretbooten sowie Motorbooten (auch mit Elektromotor, zum Teil bootsführerscheinpflichtig).

S184 **Bootsverleih Saalburg,** an der Bleiloch-Talsperre, Am Torbogen 1a, Saalburg/Ebersdorf, Tel. 0170 8651457, www.bootsverleih-saalburg.de, April–Okt. tägl. 9–19 Uhr, Nov.–März nach Absprache. Breites Angebot von führerscheinfreien Motorbooten über Kanus bis hin zu Wassertretern.

Segeln

Der organisierte Segelsport findet an den Talsperren Bleiloch, Hohenwarte, Zeulenroda, Windischleuba, Ratscher und Hayda sowie am Kiessee Alperstedt/Nöda und am Haselbacher See statt. Ausführliche Informationen liefert der **Thüringer Segelverband:**

› www.segeln-tsv.de

Tauchen

Hohenwarte-Stausee

Das **Thüringer Meer** hat etliche Tauchspots zu bieten, Tauchgänge ohne Begleitung sind nach den Regeln der Stauseeordnung möglich. Angesichts der Größe des Seengebiets ist es aber ratsam, sich an eine der örtlichen Tauchbasen zu wenden, z. B.:

S185 **Wassersportzentrum Saalthal-Alter,** Saalthal 9, Unterwellenborn, Tel. 0176 24029303, www.wsz-saalthal-alter.de. Tauchzentrum, auch Wasserski, Wakeboarding und Tubing, Boots- und SUP-Verleih u. v. m.

Vorseite: Der Nationalpark Hainich 10 *ist ein Paradies für Wanderer*

Stau(n)see des Thüringer Meeres 52*: Bootsverleih an der Bleiloch-Talsperre*

101mt©Mark Lämmchen, stock.adobe.com

072mt-db

Seenplatte Goldene Aue

Die durch Kiesabbau entstandenen Seen bei **Nordhausen** ❶ sind ideal für Taucher, etwa der Sundhäuser See und der Möwensee.

S186 Actionsport - Tauchsportzentrum Nordhausen, Uthleber Weg 27, Tel. 03631 471272, www.actionsport-nordhausen.de, April–Okt. Mo.–Fr. 10–18, Sa. 9–19, So. 9–18, Nov.–März Mo.–Fr. 10–17, Sa./So. 10–16 Uhr

Wasserwandern

Die große Flüsse bieten Wasserwanderern ausgezeichnete Bedingungen, v.a. **Saale, Unstrut** und **Werra.** Da es in Thüringen keine offiziellen Wasserstraßen gibt, kommt man darüber hinaus per Boot relativ unbehelligt von sonstiger Schifffahrt voran.

- www.thueringer-wald.com/w/wasserwandern-saale
- www.unstrutradweg.de/paddeln
- www.werratal.de/paddeln-kanu

Radfahren

Aufgrund der Lage in der Mitte der Republik führen viele namhafte Touren durch das Bundesland. Die Radfernwege sind in der Regel **gut ausgebaut und beschildert.** Im Folgenden werden einige lohnenswerte Strecken beschrieben.

Kürzere Strecken plant man am besten mit dem offiziellen **Radroutenplaner** des Freistaats. In den Nahverkehrszügen können Räder kostenfrei mitgenommen werden.

Wo sich im Winter eine Skipiste erstreckt, kann man manchmal im Sommer mit dem **Mountainbike** hinabsausen, etwa in Oberhof ❻❽. Die Region um den Rennsteig (s.S. 116) hat zahlreiche positiv bewertete Downhillstrecken zu bieten.

Rollend bis nach Eisenach ❻❷*: Wartburg-Besucher bei der Abfahrt*

074mt-db

Flussradwege gibt es reichlich in Thüringen, wie hier an der Weißen Elster in Gera 53

› **Radroutenplaner Thüringen:** https://radroutenplaner.thueringen.de, auch als App verfügbar (kostenlos für Android und iOS)
› www.thueringer-wald.com/mountainbiking

Radfernwege

Gera-Radweg

Man könnte den 75 km langen Radweg, der dem Verlauf des Flüsschens Gera folgt, als Verbindung zwischen dem Rennsteig (s. S. 116) und dem Unstrut-Radweg (s. S. 115) abtun. Oder man sieht ihn als kurzen, dafür aber **gut zu bewältigenden Fernradweg**, der bestens ausgebaut ist, stets flussnah verläuft und mit Arnstadt 15 sowie Erfurt 17 die beiden **ältesten Städte Thüringens** passiert. Die Route besteht aus fünf Etappen à 12–18 km, los geht es in Schmücke [D7] am Rennsteig, das Ziel ist die Geramündung in die Unstrut bei Gebesee [D4].

› www.gera-radweg.de

Ilmtal-Radweg

Diese über fünf Etappen à 14–36 km verlaufende Route startet an der Ilmquelle in Allzunah bei Frauenwald [D7] und endet an der Mündung der Ilm in die Saale in Großheringen [G4]. Dass der Radweg bei den Thüringern besonders beliebt ist, liegt wohl v. a. daran, dass die rund 123 km **ohne größere Steigungen** auskommen und auch gut von Familien zu bewältigen sind. Zudem bleibt man dem Straßenverkehr größtenteils fern. Die Strecke bietet **abwechslungsreiche Natur** vom Thüringer Wald bis zum Weinanbaugebiet Saale-Unstrut sowie zahllose Sehenswürdigkeiten etwa in **Weimar** 28.

› www.ilmtal-radweg.de

Saale-Radweg

Dieser 403 km lange **Flussradweg** beginnt an der Saalequelle in Zell im Fichtelgebirge und endet an der Mündung des Flusses in die Elbe bei Barby. Dabei sind neun Etappen à 29–60 km zu meistern. Zählt die Tour am Oberlauf noch zu den eher anspruchsvolleren Flussradwegen, geht es auf den 180 km, die durch Thüringen führen, gemütlicher zu. Der Abschnitt zwischen Saalfeld [F7] und Jena 42 ist sogar für **Familien** gut zu bewältigen und zudem sehr attraktiv, passiert man doch zahlreiche **Burgen und Schlösser.**

› www.saaleradweg.de

Thüringer Städtekette

Einmal quer durch die landschaftlich reizvollsten Gegenden Thüringens, mit den wichtigsten Städten am Wegesrand – Tourenradler, die an **Natur und Kultur** gleichermaßen interessiert sind, kommen an der Thüringer Städtekette (s. S. 12) nicht vorbei, die über 230 km zwischen Creuzburg [B4] und Altenburg 59 verläuft. Es gibt sechs Etappen à 24–61 km und etliche Möglichkeiten für **die An-, Ab- und Weiterreise per Bahn.**

› www.thueringer-staedtekette.de

Unstrut-Radweg

Die 190 km lange Route von der Unstrutquelle bei Dingelstädt [B3] bis zur Mündung in die Saale bei Naumburg ist auch etwas für gemächliche Radler. In sechs lockeren Etappen à 22–40 km fährt man vorbei an Mühlhausen 7 und Bad Langensalza [C4] bis nach Sachsen-Anhalt. Mit **gut befestigten Wegen** ist der Flussradweg für **Familien** geeignet und verfügt über ein lohnendes Ziel für alle **Weinliebhaber.**

› www.unstrutradweg.de

Werratal-Radweg

Zwischen Hessen, Niedersachsen und Thüringen (ca. 200 km) rotieren hier die Räder. **Einer der schönsten Flussradwege** im Land, der, vom Oberlauf einmal abgesehen, moderate Ansprüche an die Muskulatur stellt. Los geht es im thüringischen Neuhaus am Rennweg [E7], Ziel ist Hann. Münden in Niedersachsen, auf dem Programm stehen sechs Etappen à 40–70 km. Fürs Auge ist **von der Flussaue bis zum Fachwerkstädtchen** alles dabei.

› www.werratal.de/radeln

Wandern

Mit dem **Thüringer Wald** wartet auf Wanderbegeisterte und Tourengeher ein abwechslungsreiches Mittelgebirge. Da es in Thüringen wenige natürliche Grenzen gibt, locken etliche **Fernwanderwege,** zuvorderst der Rennsteig oder **Themenrouten** wie der Lutherweg. Unberührte Natur bietet darüber hinaus v. a. der **Nationalpark Hainich** 10. Überdies liegen weitere Ziele in unmittelbarer Nähe der Landesgrenzen – so ist man beispielsweise auch schnell im Südharz bzw. rasch im Vogtland.

› **www.tourenportal-thueringer-wald.de:** alles Wissenswerte zu den schönsten Touren in der Region

Fernwanderwege

Hochrhöner

Die **Mittelgebirgslandschaft im Dreiländereck** wird auch als „Land der offenen Fernen" bezeichnet – eine Umschreibung, die das Herz jedes Wandervogels schneller schlagen lässt. Los geht es im bayerischen Bad Kissingen, Ziel ist das thüringi-

073mt-db

Wanderziele in allen Himmelsrichtungen: Wegweiser im Thüringer Wald

sche Bad Salzungen 73. Dabei sind acht Etappen à 10–26 km zu meistern. 65 km des 175 km langen Fernwanderwegs verlaufen auf thüringischem Boden und führen in der Tat **von Aussicht zu Aussicht.** 29 Extratouren laden zu Halb- oder Tagesausflügen ein.

› www.rhoen.de

Lutherweg

Lutherwege gibt es in sechs Bundesländern, in Thüringen aber sind die Pfade besonders weitläufig. Auf 1010 km lassen sich **Naturgenuss** und **Stätten der Reformation** kombinieren. Zur Wahl stehen Strecken auf einer West- und einer Südschlaufe sowie über zwei Routen, die von Norden bzw. Osten ins selbsternannte „Kernland der Reformation“ führen.

› www.lutherweg.de

Rennsteig

„Diesen Weg auf den Höh'n bin ich oft gegangen, Vöglein sangen Lieder/Bin ich weit in der Welt habe ich Verlangen, Thüringer Wald nur nach dir“, heißt es im Refrain des **„Rennsteiglieds“**, der heimlichen Hymne Thüringens.

Der Pfad auf dem **Kamm des Thüringer Waldes**, des Thüringer Schiefergebirges und des Frankenwalds ist nicht nur der älteste, sondern auch der bekannteste deutsche Fernwanderweg – mehr als 100.000 Menschen folgen Jahr für Jahr den Schildern mit dem markanten weißen „R“, das als **„Mareile“** bezeichnet wird.

Als „renniweg“ bezeichnete man im Mittelalter schmale Verbindungswege auf den Höhenzügen, auf denen schnell geritten und rasch Botschaften überbracht werden konnten. Insgesamt sind heute etwa 250 dieser Rennstiege im deutschsprachigen Raum bekannt. Doch der berühmteste befindet sich in Thüringen.

1330 wurde dieser „Rynnestig“ erstmals erwähnt. Historische Belege gibt es v. a. deshalb reichlich, da er im Mittelalter die **Grenze zwischen Franken und Thüringen** markierte. Die erste Wanderung am Stück wurde 1829 dokumentiert, Ende des 19. Jh. gründete sich der Rennsteigverein, der regelmäßig zu einem „Runst“ genannten Marsch aufrief – noch heute grüßt man auf dem Weg mit **„Gut Runst!“**.

Die **deutsche Teilung** schränkte die Bewegungslust ein, sechsmal kreuzt der Rennsteig die ehemalige innerdeutsche Grenze. Überdies befanden sich der Startpunkt wie östliche Teile der Strecke im DDR-Sperrgebiet.

Heute durchquert man, ausgehend von dem zu Eisenach 62 gehörenden Hörschel bis zum Ziel in Blankenstein [G8], einmal das Bundesland. Die 170 km werden traditionell in **sechs Etappen** à 23–38 km aufgeteilt. Unzählige Wanderwege gehen von der Hauptroute ab, 44 Rennsteig-Leitern führen zu regionalen Sehenswürdigkeiten. Von Erfurt 17, Arnstadt 15 und Ilmenau 69 aus ist man am Wochenende mit dem **Rennsteig-Shuttle** flink auf dem Berg.

Der **Rennsteig-Radwanderweg** verläuft weitestgehend direkt auf dem Hauptweg, besonders die ersten 30 km hinter Eisenach sind anspruchsvoll.

An der Saale angekommen? Hoffentlich haben Sie an der Werra einen Kiesel eingesteckt. Ein **Steinchen von Ufer zu Ufer** in der Tasche zu tragen, gehört zur Tradition.

› www.rennsteig.de
› **RennsteigShuttle:** www.erfurter-bahn.de/ausfluege/rennsteigshuttle

SaaleHorizontale

Dieser Wanderweg verläuft hoch über dem **mittleren Saaletal**, weist neun Etappen à 9–17 km auf und zählt 91 km. Auf dem Programm steht eine erweiterte **Rundwandertour um Jena** 42, dank zahlreicher Zuwege bzw. Haltestellen des ÖPNV können aber auch einzelne Etappen absolviert werden. Die schmalen Wege entlang der **Muschelkalkhänge** verlaufen mitunter etwas steiler, stets wird man aber für die Anstrengung mit einmaligen Fernblicken belohnt.

› www.saalehorizontale.de

075mt-db

076mt-db

Försterstochter als Namenspatin: Rennsteig-Markierung „Mareile“

Obelisk bei Oberhof 68: Das Rondell ist ein bekannter Orientierungspunkt am Rennsteig

Weitere Aktivitäten

Klettern

13 offizielle Klettergebiete gibt es in der Region, größtenteils befinden sie sich im **Thüringer Wald.** Routen in allen Schwierigkeitsgraden werden geboten, darüber hinaus gibt es Gelegenheiten zum **Bouldern** unter freiem Himmel.

› www.thueringer-wald.com/klettern

Wintersport

Der Leistungssport in dem Bundesland wird in großem Maße von Wintersportarten bestimmt. In Thüringen wurden die Grundlagen für zahlreiche Weltmeisterschafts- und Olympiamedaillen gelegt. Das Mekka von **Langläufern, Skispringern und Rodlern** ist **Oberhof** 68, von der professionellen Infrastruktur – wie z. B. der ganzjährig geöffneten Ski-Halle – profitiert auch der Breitensport.

Glücklich werden Wintersportfreunde v. a. in den am **Rennsteig** (s. S. 116) gelegenen Gemeinden. Dort befindet sich mit der **Skiarena Silbersattel in Steinach** [E8] auch das größte Skigebiet des Bundeslandes.

› **Skiarena Silbersattel:** www.thueringen-alpin.de
› **Schneetelefon:** Tel. 0800 7236488
› **SchneeApp Thüringer Wald:** präparierte Strecken und Schneehöhen in der Region (kostenlos für Android und iOS)

Von Sprungschanzen inspiriert: Hotel Panorama in Oberhof 68

THÜRINGEN ERLEBEN

083mt-db

Events, Feste und Folklore

Die ehemals kleinteilige Struktur der Region schlägt sich auch im Fehlen allgemeingültigen Brauchtums nieder, Feierlichkeiten können lokal unterschiedlich ausgelegt werden. Traditionellen Veranstaltungen wie dem Weimarer Zwiebelmarkt oder dem Rudolstädter Vogelschießen stehen zahlreiche Kulturevents gegenüber. Obgleich nur rund ein Viertel der Thüringer christlich ist, kommt den Zeremonien der Adventszeit eine große Bedeutung zu.

Aufgeführt sind im Folgenden ausgewählte Veranstaltungen von überregionaler Bedeutung. Einen aktuellen **Veranstaltungskalender** liefern die folgende Websites:

- www.thueringer-staedte.de/veranstaltungen
- www.thueringen.info/veranstaltungen.html

Frühling

- **Sommergewinn Eisenach:** An der Wartburg 66 wird drei Wochen vor Ostern mit einem Frühlingsfest der Winter vertrieben (www.sommergewinn-eisenach.de).
- **Thüringer Bachwochen:** Im April werden zu Ehren des Eisenachers Johann Sebastian Bach (s. S. 93) in ganz Thüringen dessen Werke aufgeführt (www.thueringer-bachwochen.de).
- **GutsMuths-Rennsteiglauf:** Man kommt nicht nur mäßigen Schrittes über den berühmten Wanderweg (s. S. 116). Wer sich den Supermarathon (73,9 km) Mitte Mai nicht zutraut, kann alternativ bei der Familienwanderung antreten (www.rennsteiglauf.de).

Sommer

- **Krämerbrückenfest:** Mittelaltermarkt meets moderne Fahrgeschäfte an der Krämerbrücke 19, und zwar am dritten Juni-Wochenende in Erfurt 17 (www.erfurt.de/kraemerbrueckenfest).
- **Rudolstadt-Festival:** Beim größten Folk-Roots-Weltmusik-Festival Deutschlands sind immer am ersten Juli-Wochenende globale Sounds in Rudolstadt 48 zu hören (www.rudolstadt-festival.de).
- **DomStufen-Festspiele:** Musicals und große Opern auf den Stufen des Erfurter Doms 25 alljährlich im Juli/Aug. (www.domstufen-festspiele.de).
- **KulturArena:** sechswöchiges Open-Air-Festival mit international bekannten und noch zu entdeckenden Künstlern in Jena 42 (www.kulturarena.de).
- **MDR-Musiksommer:** Klassische Musik vom Barock bis zur Moderne erklingt im Juli/Aug. in Mitteldeutschland, vorgetragen von internationalen und heimischen Künstlern (www.mdr.de/musiksommer).
- **SonneMondSterne:** Techno, Trap und Trance an der Bleiloch-Talsperre [G7] jährlich am zweiten Wochenende im Aug. Das SMS ist eines der größten Musikfestivals elektronischer Tanzmusik in Europa (www.sonnemondsterne.de).
- **Kunstfest Weimar 28:** Spartenübergreifend wird bei diesem jedes Jahr im Spätsommer stattfindenden Festival zeitgenössische Kunst präsentiert (www.kunstfest-weimar.de).
- **Rudolstädter Vogelschießen:** Das Volksfest, das immer am letzten Wochenende im Aug. stattfindet, zählt zu den beliebtesten im Land (https://vogelschiessen.rudolstadt.de).

◁ Vorseite: Kneipenmeile beim JenTower 44 – Wagnergasse in Jena 42

▷ Rund 2 Mio. Besucher jährlich lockt der Weihnachtsmarkt nach Erfurt 17

079mt©Factum/Andreas Weise, Thüringer Tourismus GmbH

Von drauß' vom (Thüringer) Walde komm ich her

Die erste schriftliche Erwähnung eines **Weihnachtsbaumes** stammt zwar aus dem Elsass, Thüringen allerdings brachte den Brauch in alle Welt. Dass die Tradition schon im 18. Jh. relativ populär war, wissen wir von den Vertretern der Weimarer Klassik. Schon vor seiner Ankunft in Weimar 28 ließ Goethe, der in Straßburg studiert hatte, seinen „Werther" vom Anblick des „aufgeputzten Baumes mit Wachslichtern, Zuckerwerk und Äpfeln" berichten. Schiller schrieb 1789 kurz vor dem Fest an seine Verlobte Charlotte: „Ihr werdet mir hoffentlich einen grünen Baum im Zimmer aufrichten."

1815 stellte der Weimarer Buchhändler Wilhelm Hoffmann auf dem hiesigen Markt den ersten öffentlichen Christbaum in einer deutschen Stadt auf. Wenige Jahre später heiratete Adelheid von Sachsen-Meiningen den Herzog von Clarence, Wilhelm IV., im Jahr 1830 wurde sie britische Königin. Sie nahm die festlichen Gepflogenheiten mit über den Kanal und etablierte sie damit im Empire. Im In- wie im Ausland wurde der Weihnachtsbrauch allerdings bald auf Martin Luther (s. S. 45) zurückgeführt. Verantwortlich dafür war der Weimarer Hofkupferstecher **Carl August Schwerdgeburth.** Dessen berühmtestes Werk zeigt „Die Familie Luther am Christabende 1536" (1856) in ihrem Wittenberger Wohnzimmer im Lichterglanz. Tatsächlich gibt es dafür keine historische Quelle, aber die Legende war damit in der Welt.

Johann Daniel Falk, der in Weimar ein „Rettungshaus für verwahrloste Kinder" eröffnet hatte, schrieb 1816 das Allerdreifeiertagslied, dessen Strophen jeweils mit den Worten „O du fröhliche" einsetzen. Der Text von „Alle Jahre wieder" stammt aus der Feder des Thüringer Fabeldichters **Wilhelm Hey.** „O Tannenbaum", eines der bekanntesten Weihnachtslieder, geht auf eine schlesische Volksweise zurück, die der in Goldlauter bei Suhl 71 geborene Lehrer **Ernst Anschütz** in festliche Form brachte.

Und womit schmückt man die Zweige? Natürlich stilecht mit Christbaumkugeln aus Lauscha (s. S. 126)!

Herbst

- **Erfurter Herbstlese:** Wenn an Saale und Unstrut Trauben geerntet werden, wird in der Landeshauptstadt beste Literatur (aus)gelesen. Die vollmundigen Schätze werden im Sept./Okt. präsentiert (www.herbstlese.de).
- **Weimarer Zwiebelmarkt:** Immer am zweiten Wochenende im Okt. belebt das älteste Volksfest Thüringens, das auch als **Zippelmarkt** bekannt ist, die Straßen der Stadt (www.weimar.de/zwiebelmarkt).
- **Jazzmeile Thüringen:** landesweites Jazzfestival jeweils im Okt./Nov. mit mehr als 300 Veranstaltungen an verschiedenen Orten (www.jazzmeile.org)

Winter

- **Erfurter Weihnachtsmarkt:** Die Adventsstimmung in der Altstadt und insbesondere auf dem Domplatz 25 zieht Besucher weit über Thüringen hinaus an (https://weihnachtsmarkt.erfurt.de).
- **Wintersport in Oberhof 68:** Regelmäßig trifft sich die Weltspitze zum Kräftemessen im Thüringer Wald, etwa beim Skispringen oder beim Biathlon.

Spezielle Feiertage im Freistaat

- **Fronleichnam:** Das Hochfest des Leibes und Blutes Christi im Mai/Juni ist im Landkreis Eichsfeld [A-B3] sowie in den überwiegend katholischen Gemeinden des Unstrut-Hainich- und in Teilen des Wartburgkreises ein offizieller Feiertag.
- **Weltkindertag:** Seit 2019 ist Thüringen das bislang einzige Bundesland, in dem der 20. September ein gesetzlicher Feiertag ist.
- **Reformationsfest:** Wie in den anderen neuen Bundesländern wird am 31. Oktober der Reformation gedacht.

Thüringen kulinarisch

Die Gastronomie der Region spiegelt das einst entbehrungsreiche Leben der vorwiegend in der Landwirtschaft und im Bergbau beschäftigten Bevölkerung wider. Die traditionelle Kost ist in der Regel **kräftig und deftig**, es dominieren **üppige Fleischgerichte**, zu denen gehaltvolle Beilagen und dicke Soßen gereicht werden. Doch an der vorherrschenden Ernährungsweise können auch die unterschiedlichen Naturräume abgelesen werden: Die Waldgebiete im Gebirge halten reichlich Wild bereit, das Thüringer Becken bietet beste Bedingungen für den Anbau von Feldfrüchten. **Vegetarier und Veganer** werden jedoch eher in den größeren Städten wie Erfurt 17, Weimar 28 und Jena 42 fündig.

Lokale Spezialitäten

Thüringer Rostbratwurst

„1 gr vor darme czu brotwurstin" – „1 Groschen für Bratwurstdärme" – tauchte 1404 als Posten einer Abrechnung der Propstei des Arnstädter Jungfrauenklosters auf – und gilt als älteste urkundliche Erwähnung der Thüringer Rostbratwurst. Die handliche, herzhafte Speise soll schon Luther und Goethe erfreut haben. Mit einer Länge von 15 bis 20 cm, einem Gewicht von 100 bis 150 g, mittelfein, roh und in Naturdarm gewickelt – so soll die hiesige Roster auf den Grill kommen. Hinsichtlich der **Gewürze** variieren die Geschmäcker, eine Zutat bietet geografische Orientierung: Nördlich des Rennsteigs (s. S. 116) verwendet man neben gemahlenem auch ganzen Kümmel, in südlicher Richtung verzichtet man eher darauf, weshalb der Kammweg auch als **„Bratwurstäquator“** bezeichnet wird. Ob die Gaumenfreude nicht nur mit Senf, sondern auch mit Ketchup veredelt werden darf, ist allerdings umstritten.

Thüringer Klöße

Ginge es nach dem Dichter **Rudolf Baumbach**, soll niemand Geringeres als **Frau Holle** höchstpersönlich einst das Rezept der Lieblingsbeilage der Thüringer entwickelt haben (s. S. 107). Ist die Herstellungsweise der aus gekochten, geriebenen Erdäpfeln geformten Kugeln klar wie Kloßbrühe, gibt es hinsichtlich der **Füllung** doch unterschiedliche Ansichten. Kompletter Verzicht ist ebenso möglich wie Reichhaltigkeit. Meistens werden in Butter angebratene Brotwürfel in der Kartoffelmenge „verstaut“.

Die Leibspeise der Thüringer landet vornehmlich am Wochenende auf dem Teller – „Ein Sonntag ohne Klöße verlöre viel von seiner Größe“ – und wird in erster Linie mit **Bratenfleisch** gereicht.

Weitere Gerichte

Weniger bekannt als die Wurst, aber nicht weniger beliebt ist das **Thüringer Rostbrätl**, ein dickes Nackenkotelett vom Schwein, das bis zu zwei Tage mariniert wird, ehe es auf dem Holzkohlegrill landet. Gereicht wird es typischerweise mit Röstzwiebeln und einer Scheibe Brot.

Ebenfalls vom Schwein stammt der **Mutzbraten.** Dabei wird ein etwa 250 g schweres Stück Fleisch über offenem Birkenholzfeuer gegrillt und mit Sauerkraut, Brot sowie etwas Senf serviert. Die Spezialität landet besonders in Ostthüringen oft auf dem Teller. Im dortigen Dialekt steht Mutz für „ein Tier ohne Schwanz“.

Die **Thüringer Rotwurst** ist eine Spezialität, deren besonderes Merkmal, neben einem Leberanteil, würfelförmige Einlagen von Magerfleisch sowie gut entschwarteten Backen sind. Sie gilt als „Königin der Blutwürste“.

Wie in anderen deutschen Weinanbaugebieten kommt auch an Saale und Unstrut ein herzhafter Kuchen aus Hefeteig auf den Tisch, der **Zwiebelkuchen.** Der Belag besteht in der Regel aus Sauerrahm bzw. süßer Sahne, Eiern und Speckwürfeln, die Zwiebeln werden im Gegensatz zum Flammkuchen vor dem Backen gedünstet. Serviert wird die Speise insbesondere im Herbst – selbstverständlich auch beim **Weimarer Zwiebelmarkt** (s. S. 122).

Beim Thema Kuchen wird in Thüringen traditionell nicht sonderlich hochgestapelt. Es dominiert der auf den ersten Blick schlicht wirkende **Blechkuchen,** den es aber in vielen Varianten gibt.

Lokale Getränke

Bier

In Thüringen gibt es überwiegend **kleine, mittelständische Brauereien.** Die großen Standorte fielen an die Konkurrenz aus dem Westen – Köstritzer an Bitburger, die Gothaer Brauerei zunächst an Oettinger, dann an Paulaner – oder stellten die Produktion ein. Braugold aus Erfurt ist heute eine Marke von Einsiedler aus Chemnitz. Gerühmt wird die Region für ihr **Schwarzbier.**

› **www.bierundburgenstrasse.de:** Bier und Burgen an der B85, mit „Tankstellen“ u. a. in Apolda 40, Saalfeld [F7] und Watzdorf
› **Altenburger Brauerei:** traditionsreicher Standort mit vielfach prämiertem Gebräu (s. S. 89)

080mt©Florian Trykowski, Thüringer Tourismus GmbH

› **Heimathafen – Erfurter Braumanufaktur:** kräftige Züge aus der Flasche im Kulturquartier Zughafen (s. S. 52)

187 **Köstritzer Schwarzbierbrauerei,** Heinrich-Schütz-Str. 16, Bad Köstritz, www.koestritzer.de. Braubetrieb seit 1543. Besichtigung (2½ Std., 10 €) nach Voranmeldung.

› **Köstritzer Bierhaus:** Dunklen Gerstensaft gibt es auch in Gera 53 (s. S. 85).

Cola

Vita Cola ist die sozialistische Antwort auf den Erfolg von Coca-Cola. 1994 wurde die Marke vom Unternehmen **Thüringer Waldquell aus Schmalkalden** 74 wiederbelebt. Anschließend war Thüringen zeitweise eine der wenigen Regionen weltweit, in denen die US-Marke nicht dominierte.

› www.vita-cola.de

Spirituosen

Die Kräutervielfalt im Thüringer Wald ist zur Basis etlicher **Liköre** geworden. Die wohl bekannteste Spirituose ist allerdings ein **Kornbrand aus Nordhausen** 1.

Thüringer Traubenlesen auf dem Weingut Zahn in Großheringen [G4]

› **Altenburger Destillerie:** feine Tropfen aus Tradition (s. S. 89)

188 **Aromatique Spirituosenfabrik,** Am Hochheimer See 13, Nesse-Apfelstädt, www.aromatique.de, Werksverkauf Mo.–Do. 7–12 u. 12.30–15.30, Fr. 7–11.30 Uhr. Der „Aro" genannte Magenbitter basiert auf der Kräutertinktur eines Neudietendorfer Apothekers. Fünf Fabriken stellten ihn zeitweise vor Ort her, eine gibt es noch.

› **Echter Nordhäuser Traditionsbrennerei:** 500 Jahre Branntweinherstellung auf Roggenbasis (s. S. 21)

Wein

Seit über 1000 Jahren werden in der Region Trauben geerntet. Heute markiert der Zusammenfluss von **Saale und Unstrut** das **nördlichste Qualitätsweinanbaugebiet Deutschlands.** Die Weinberge befinden sich größtenteils in Sachsen-Anhalt, einige Hänge liegen allerdings in Thüringen, etwa ab Jena 42 die Saale flussabwärts oder an der Ilm bei Bad Sulza. Das Hauptaugenmerk liegt auf früh reifenden, trocken ausgebauten Weinen. Das vergleichsweise wechselhafte Klima führt zu einem charakteristischen Geschmack. Hinsichtlich der Rebsorten dominieren **Weißweine** (75 %).

› www.weinbauverband-saale-unstrut.de

Thüringer Produkte für den Gaumen

- **Altenburger Senf** (www.senf.de): Aus dem ehemaligen VEB Feinkost Leipzig ging dieser Delikatessenhersteller hervor, der in Altenburg 59 den Weltmeister-Senfladen (s. S. 89) betreibt.
- **Altenburger Ziegenkäse** (www.kaeserei-altenburgerland.de): Käsespezialität, die zu 15 % aus Ziegenmilch besteht und somit einen vergleichsweise milden Geschmack hat, wobei der beigefügte Kümmel deutlich hervortritt.
- **Berggold** (www.heinerle-berggold.de): 1876 gegründet, stieg das Unternehmen mit seiner „vorzüglichen Produktion" rasch zum Hoflieferanten des „Sachsen-Meiningischen Herzoghauses" auf. Heute werden v. a. gefüllte Pralinen, Geleefrüchte und Konfekt gefertigt.
- **Born Senf** (www.born-feinkost.de): 1820 wurde in einem Vorort von Erfurt 17 – wo es auch heute einen Laden (s. S. 52) gibt –, eine „Knochenmehl-, Essig- und Senffabrik nebst Kunstgärtnerei" gegründet. Für viele gehört Born zur Thüringer Rostbratwurst einfach dazu.
- **Eichsfelder Wurst:** Diese zeichnet sich v. a. dadurch aus, dass das Fleisch noch schlachtwarm verarbeitet, teilweise auch in eigens gefertigten Lehmkammern gelagert wird. Bekannt sind Eichsfelder Feldgieker und Eichsfelder Stracke, die der Salami ähneln.
- **Filinchen** (www.filinchen.de): 1956 wollte ein Bäckermeister aus Apolda 40 einer Jugendfreundin namens Felicitas einen besonderen Genuss bereiten. Seine Filinchen waren leichter als Knäckebrot, wurden im Waffeleisen gebacken und konnten süß oder herzhaft belegt werden.
- **Goldhelm Schokolade:** Erst seit 2005 gibt es dieses Unternehmen, mittlerweile zählt die Manufaktur aus Erfurt zu den größten in Deutschland (s. S. 52).
- **Mühlhäuser Pflaumenmus** (www.muehlhaeuser-group.com): 1908 wurde in einem Kolonialwarenladen in Mühlhausen 7 das erste Pflaumenmus „Thüringer Art" zubereitet. Zwar hat das Unternehmen heute seinen Sitz in Mönchengladbach, die Herstellung verblieb aber in der Gründungsstadt.
- **Viba** (www.viba-sweets.de): 1893 eröffneten Willi Viebahn und Anna Reim in Schmalkalden 74 ein Kaffeehaus mit eigener Süßwarenproduktion. Wurde **Nougat** zunächst in Blöcken angeboten, brachte ein befreundeter Fabrikant die Geschwister darauf, eine Zigarrenabpackanlage umzufunktionieren. Viba-Shops gibt es in allen größeren Städten des Landstrichs, in Schmalkalden eine Erlebniswelt (s. S. 106) und in Erfurt ein Confiserie-Café (s. S. 52).

Geröstete Haselnüsse, Kakaomasse, Zucker und Bourbonvanille: Erfolgsformel des Nougat-Spezialisten Viba

081mt-db

Stöbern und Shoppen in Thüringen

Auf der Suche nach neuen Lieblingsstücken und **Mitbringseln** für die Daheimgebliebenen ist man in Erfurt 17, Weimar 28 und Jena 42 besonders gut aufgehoben. Dort gibt es nicht nur – wie in den anderen größeren Städten – **Einkaufszentren** mit den üblichen, großen Ketten, sondern zudem eine große Auswahl an **inhabergeführten Geschäften.**

Zu Beginn des 20. Jh. wurden Produkte aus Glas und Porzellan, Textilien und Spielzeug aus Thüringen in alle Welt exportiert. Die Wiedervereinigung und die Globalisierung haben den Standorten zwar zugesetzt, einige Unternehmen und Manufakturen sind aber bis heute erhalten geblieben.

Erfurter Blau

Färberwaid, eine Pflanze, aus der Indigo gewonnen werden konnte, brachte im Mittelalter Wohlstand nach Erfurt. Etwa ab dem Dreißigjährigen Krieg wurde der aufwendig zu verarbeitende Färberwaid durch Importe abgelöst. Seit 1997 gibt es wieder eine Manufaktur namens Erfurter Blau (s. S. 52).

Glas

Jenaer Glas

1887 entwickelte der Chemiker **Otto Schott** (1851–1935) ein borsäurehaltiges Gebrauchsglas, das sich als äußerst hitzebeständig erwies. Es wurde unter dem Markennamen „Jenaer Glas" populär, bedeutende Designer gestalteten Haushaltswaren. Die größte Auswahl findet man heute am Entstehungsort (Glas in Jena, s. S. 76).

Weihnachtsschmuck aus Lauscha [E8]

Ein Lauschaer war einst derart verarmt, dass er sich weder Walnüsse noch Äpfel leisten konnte, um seinen Tannenbaum zu schmücken. In seiner Verzweiflung soll er sich aus Olitätenfläschchen – Gefäßen zur Aufbewahrung eines wohlriechenden Öls – Weihnachtsschmuck geblasen haben. Nun ja, ein wenig Glaube gehört zum Fest eben dazu. Tatsächlich aber hat die Glasproduktion in der Region eine lange Tradition. Und so fand sich im Auftragsbuch einer Glasbläserei bereits 1848 das Stichwort „Weihnachtskugeln".

189 **Elias Glashütte – Farbglashütte Lauscha,** Str. des Friedens 46, www.farbglashuette-lauscha.de, Werksverkauf Mo.–Sa. 10–17, So. 11–17 Uhr

Keramik

Bürgeler Töpferwaren

Weiße Punkte auf dunkelblauem Grund – Töpferwaren mit der charakteristischen „Blauen Schürze" werden seit mindestens 1660 mit der Stadt **Bürgel** [G5] im **Saaletal** assoziiert. Mit Unterstützung des in Weimar wirkenden Jugendstilkünstlers Henry van de Velde (s. S. 84) stieg der Ort Anfang des 20. Jh. zu einem bedeutenden Keramikstandort auf. Zu DDR-Zeiten waren die Gebrauchsgegenstände sogenannte Bückware, da sie in großem Maßstab exportiert wurden.

› www.stadt-buergel.de/toepferhandwerk

190 **Keramikmuseum Bürgel,** Am Kirchplatz 2, Tel. 036692 37333, www.keramik-museum-buergel.de, April–Okt. Di.–So. 11–17, Nov.–März Mi.–So. 11–16 Uhr, Eintritt: 4 €, erm. 2 €, bis 5 Jahre frei

Porzellan

Anfang des 18. Jh. ließ August der Starke einen Alchimisten gefangen nehmen. Statt Gold herzustellen, fertigte **Johann Friedrich Böttger** (1682–1719) aus Kaolin, Feldspat und Quarz ein feinkeramisches Erzeugnis. Der Miterfinder des europäischen Hartporzellans wurde im ostthüringischen Schleiz geboren. In der Region wird nach wie vor mit dem Weißen Gold gearbeitet, wichtige Produzenten sind über die **Thüringer Porzellanstraße** verbunden. Stationen sind u. a. die Leuchtenburg 47 und Rudolstadt 48.

› www.thueringer-porzellan.de

Spielwaren

Altenburger Spielkarten

Skat ist aus der Kombination anderer Kartenspiele hervorgegangen, die ersten Stiche sollen 1810–1817 in **Altenburg** 59 gemacht worden sein. Da verwundert es wenig, dass die Stadt heute Sitz des **Marktführers** in Sachen Spielkarten in Deutschland ist und mit dem **Spielkartenladen** (s. S. 89) ein echtes Ass im Ärmel hat.

› www.spielkarten.com

Ankersteine

Der Anker-Steinbaukasten geht auf Ideen von **Friedrich Fröbel** (s. S. 80) zurück und gilt als **ältestes Systemspielzeug.** Einstein, Kästner und Gropius sollen in jungen Jahren Fans gewesen sein. Im Osten galten die Steine als „Lego der DDR". Wie sie hergestellt werden, erfährt man in der **Manufaktur in Rudolstadt** 48 (Ankerstein Werksverkauf, s. S. 79).

Sonneberger Spielzeug

Weil man auf Erfahrungen in der Holzbehandlung aufbauen konnte, wurde in **Sonneberg** [E8] ab dem 16. Jh. Spielzeug hergestellt. Vor dem Ersten Weltkrieg kam rund ein Fünftel der auf dem Globus gehandelten Spielwaren aus dem Thüringer Wald, Sonneberg galt gar als **„Werkstatt des Weihnachtsmannes".** Angesichts der globalen Konkurrenz musste man zwar zurückstecken, die regionale Handwerkskunst lässt sich aber nach wie vor in dem Ort bewundern.

› www.sonneberg-tourismus.de/werksverkaeufe

M 191 **Deutsches Spielzeugmuseum,** Beethovenstr. 10, Sonneberg, Tel. 03675 42263427, www.deutschesspielzeugmuseum.de, Di.–So. 10–17 Uhr, Eintritt: 6 €, erm. 4 €, bis 2 Jahre frei

› **www.spielzeugstrasse.de:** Sonneberg und weitere Thüringer Orte sind Stationen der Deutschen Spielzeugstraße.

082mt-db

Handwerk mit Tradition: Holzschnitzerei in Oberhof 68

Von den Anfängen bis zur Gegenwart

Von der Wartburg bis nach Weimar – das Gebiet, welches das heutige Bundesland Thüringen umfasst, ist historisch betrachtet insbesondere in puncto Kultur von Bedeutung. Gleichzeitig ist es ein Paradebeispiel für die lange vorherrschende territoriale Zersplitterung.

370.000 v. Chr.: *Homo erectus bilzingslebenensis* schlägt am Nordrand des Thüringer Beckens sein Lager auf (s. S. 26).

395: Der römische Schreiber Flavius Vegetius Renatus erwähnt den germanischen Stamm der „Thuringi".

531: Die Thüringer werden in der Schlacht an der Unstrut von den Franken besiegt.

534: König Herminafried wird ermordet, Thüringen größtenteils ins Fränkische Reich eingegliedert.

630: Die fränkischen Merowinger gründen das Herzogtum Thüringen.

704: Herzog Hedan II. schenkt dem angelsächsischen Bischof Willibrord von Utrecht den Ort Arnstadt 15. Es ist die erste urkundliche Erwähnung einer thüringischen Stadt.

10./11. Jh.: Unter den Ottonen ist die Grafschaft Weimar die bestimmende Macht der Region.

1080: Ersterwähnung der Wartburg 66

1131: Ludwig I. wird vom späteren Kaiser Lothar III. zum Landgrafen von Thüringen ernannt.

1135: Als erster Ort des heutigen Thüringen erhält Mühlhausen 7 das Stadtrecht.

1247–1264: Thüringisch-hessischer Erbfolgekrieg. Das siegreiche Haus Wettin wird fast 700 Jahre lang in der Region herrschen.

1304/06: Erfurt 17, Nordhausen 1 und Mühlhausen schließen sich zum Thüringer Dreistädtebund zusammen.

1342–1346: Mehrere Adelshäuser begehren auf, doch der Thüringer Grafenkrieg kann nichts an der Vorherrschaft der Wettiner ändern.

1392: In Erfurt entsteht die dritte Universität auf deutschem Boden.

1404: Die Thüringer Rostbratwurst (s. S. 122) wird erstmals erwähnt.

1430: Der Dreistädtebund tritt dem Goslarer Bund innerhalb der Hanse bei.

1485: Im Zuge der Leipziger Teilung fallen die thüringischen Gebiete größtenteils an die Ernestiner.

1521/22: Während seines Aufenthalts auf der Wartburg übersetzt Martin Luther das Neue Testament.

1525: Die Entscheidungsschlacht im Deutschen Bauernkrieg findet bei Bad Frankenhausen statt.

1531: In Schmalkalden 74 schmieden protestantische Herrscher ein Verteidigungsbündnis gegen den Kaiser.

1546/47: Der Bund unterliegt im Schmalkaldischen Krieg Karl V. Der Protestantismus ist kurzzeitig zurückgedrängt.

1558: Die Universität in Jena 42 wird eröffnet.

Detail an der Fassade des Zinnfigurenmuseums in Schmalkalden 74

1572: Als Herzog Johann Friedrich II. in kaiserliche Gefangenschaft gerät, wird sein Hoheitsgebiet den beiden noch lebenden Söhnen übertragen. Die Erfurter Teilung markiert den Beginn der Thüringer Kleinstaaterei (s. rechts).

1640: Im Zuge der Ernestinischen Teilung werden die Herzogtümer Sachsen-Weimar, Sachsen-Eisenach und Sachsen-Gotha gegründet.

1685: Bach wird in Eisenach 62 geboren.

1775: Anna Amalia von Braunschweig-Wolfenbüttel übergibt die Regentschaft über das Herzogtum Sachsen-Weimar-Eisenach an ihren Sohn Carl August. Der lädt Goethe nach Weimar 28 ein und wird die Epoche der Weimarer Klassik entscheidend mitbestimmen.

1799: Schiller zieht nach Weimar. Jenaer Romantikertreffen (s. Literaturmuseum Romantikerhaus auf S. 75).

1801: Johann Wilhelm Ritter aus Jena entdeckt die UV-Strahlung. Kurz darauf baut er den ersten Akkumulator, kurz Akku.

1803: Das Erzbistum Mainz büßt mit dem Reichsdeputationshauptschluss die Gebiete um Erfurt und das Eichsfeld ein, Mühlhausen und Nordhausen verlieren ihre Unabhängigkeit.

1806: In der Schlacht bei Jena und Auerstedt verlieren Preußen, Kursachsen, Sachsen-Weimar und Sachsen-Eisenach gegen die französischen Truppen. Die thüringischen Staaten verlassen das Heilige Römische Reich und treten dem Rheinbund bei.

1808: Beim Erfurter Fürstenkongress schließt Napoleon ein Bündnis mit dem russischen Zaren Alexander I.

KURZ & KNAPP

Kleinstaaterei

Mit dem Begriff wird Kritik an einem als ausufernd wahrgenommenen Föderalismus geübt. Das territorial stark zersplitterte Gebiet des heutigen Thüringen wird häufig als Musterbeispiel angeführt. Ende des 17. Jh. gab es dort in der Tat bis zu 30 staatliche Einheiten.

088mt-db

085mt-db

Denkmal für den „Isenacus" („Eisenacher") Johann Sebastian Bach am Bachhaus Eisenach 65

Goethe, Schiller und der Lorbeerkranz in Weimar 28

1811: Der Verlag Bibliographisches Institut & F. A. Brockhaus hat acht Jahre lang in Altenburg 59 seinen Sitz. Zu dieser Zeit entwickelt sich dort auch das Skatspiel.

1815: Weil sie mit Napoleon paktiert haben, kommen die nordthüringischen Gebiete des Königreichs Sachsen beim Wiener Kongress unter preußische Herrschaft. Die thüringischen Staaten werden Teil des Deutschen Bundes. Gründung der Urburschenschaft in Jena.

1817: Beim Wartburgfest protestieren 500 Abgesandte deutscher Universitäten gegen Restauration und Kleinstaaterei.

1820: Mit der Gründung der Feuerversicherungsbank des Deutschen Handelsstandes legt Ernst-Wilhelm Arnoldi den Grundstein für das deutsche Versicherungswesen in Gotha 11 (s. Deutsches Versicherungsmuseum auf S. 37).

1840: Friedrich Fröbel gründet in Bad Blankenburg den ersten deutschen Kindergarten (s. S. 80).

1846: Carl Zeiss erhält eine „Großherzogliche Konzession zur Fertigung und zum Verkauf mechanischer und optischer Instrumente" und eröffnet in Jena eine Werkstatt.

1849: Mit der Fertigstellung der Thüringer Bahn von Halle (Saale) nach Bebra ist die Region grundlegend für den Schienenverkehr erschlossen.

1850: Das Erfurter Unionsparlament tagt in der Kirche des Augustinerklosters 22.

1866: Die thüringischen Staaten treten dem Norddeutschen Bund bei.

1869: In Eisenach wird die Sozialdemokratische Arbeiterpartei (SDAP) gegründet.

1871: Die thüringischen Staaten werden Teil des Deutschen Kaiserreichs.

1872: Der Direktor eines Thüringer Gymnasiums veröffentlicht die Abhandlung „Die deutsche Rechtschreibung", besser bekannt als „Schleizer Duden".

1875: Die SDAP und der Allgemeine Deutsche Arbeiterverein fusionieren in Gotha zur SPD.

1884: Otto Schott, Ernst Abbe, Carl Zeiss und dessen Sohn Roderich Zeiß gründen das Glastechnische Laboratorium Schott & Genossen.

1896: Das Kyffhäuser-Denkmal 4 wird eingeweiht.

1898: Die Fahrzeugfabrik Eisenach AG (s. S. 91) ist der dritte Automobilhersteller Deutschlands.

1917: In Reaktion auf die Burgfriedenspolitik gründet sich in Gotha die Unabhängige Sozialdemokratische Partei Deutschlands.

1918: Mit Fürst Günther von Schwarzburg dankt der letzte Monarch im Deutschen Kaiserreich ab.

1919: Nach der Novemberrevolution und dem Ende des Ersten Weltkriegs erarbeitet eine Nationalversammlung in Weimar die erste demokratische Verfassung Deutschlands (s. S. 59). Walter Gropius gründet das Staatliche Bauhaus (s. Bauhaus-Museum 29).

1920: Sieben Kleinstaaten schließen sich zum Land Thüringen zusammen. Das preußische Erfurt bleibt außen vor.

1923: Im Deutschen Oktober marschiert die Reichswehr in Sachsen und Thüringen ein, nachdem sich dort Koalitionen aus Sozialdemokraten und Kommunisten gebildet hatten.

1930: Die Baum-Frick-Regierung ist die erste Landesregierung mit Beteiligung der NSDAP. An der Universität in Jena wird ein „Lehrstuhl für Rassefragen und Rassenkunde" eingerichtet.

1933: Das Land Thüringen wird gleichgeschaltet, der Gau Thüringen entsteht. Das KZ Nohra ist das erste offizielle Konzentrationslager im NS-Staat. Es wird noch im selben Jahr vom KZ Bad Sulza abgelöst. Mit der Gründung eines „Landesamtes für Rassekunde" nimmt Thüringen abermals eine Vorreiterrolle ein.

1934: Die Firma Simson & Co aus Suhl 71 wird als eines der ersten deutschen Unternehmen „arisiert".

1937: Im Juli des Jahres wird das KZ Buchenwald (heute Gedenkstätte 39) errichtet.

1938: In der Reichspogromnacht werden die Synagogen in Gotha, Eisenach, Meiningen 76, Erfurt (Große Synagoge), Nordhausen und Vacha zerstört.

1942: Die ersten Häftlinge erreichen das Arbeitslager Dora, das ab 1944 zum KZ Mittelbau 2 gehört.

1945: Nordhausen, Gera 53 und Jena werden durch Bombardierung der Alliierten stark zerstört. Thüringen wird von US-Truppen befreit und schließlich an die sowjetische Militärverwaltung übergeben.

1949: Thüringen wird Teil der DDR.

1952: Mit der Verwaltungsreform in der DDR entstehen die Bezirke Erfurt, Gera und Suhl.

Am Eisernen Vorhang entlang

Vom Todesstreifen zur Lebenslinie – so lässt sich knapp umschreiben, welche Vision der Bund für Umwelt und Naturschutz Deutschland bereits 1989 für die Nachnutzung der Grenzanlagen an der innerdeutschen Grenze formulierte. Diese verlief von Travemünde bis zum Dreiländereck bei Hof und sollte in ein **Grünes Band** umgewandelt werden. Thüringen wies das Umweltprojekt als Nationales Naturmonument aus, Tourentipps findet man unter auf der zugehörigen Website.

Im wahrsten Sinnen des Wortes erfahrbar macht die Geschichte der Spaltung Europas der **Iron Curtain Trail.** Mit dem Rad soll es einmal von der Barentssee bis zum Schwarzen Meer gehen. Von den Abschnitten in Deutschland ist der an der thüringisch-hessischen Grenze bis dato am besten ausgebaut.

› www.bund.net/gruenes-band-erleben
› https://de.eurovelo.com/ev13

Darüber hinaus gibt es mehrere Grenzmuseen, die die Teilung nahebringen. Eine Auswahl:

192 Deutsch-deutsches Museum Mödlareuth, Mödlareuth 13, Töpen, Tel. 09295 1334, www.moedlareuth.de, März–Okt. Di.–So. 9–18, Nov.–Feb. Di.–So. 9–17 Uhr, Eintritt: 4 €, erm. 3 €, bis 6 Jahre frei. Da auch Mödlareuth durch die Grenze geteilt wurde, nannte man es „Klein-Berlin". Heute liegt ein Teil des Ortes in Thüringen, der andere in Bayern.

193 Gedenkstätte Haus auf der Grenze – Point Alpha, Platz der Deutschen Einheit 1, Geisa, Tel. 06651 919030, www.pointalpha.com, April–Okt. tägl. 10–18, Nov./März tägl. 10–16.30, Dez.–Feb. Di.–So. 10–16.30 Uhr, Eintritt: 8 €, erm. 6 €. An diesem US-Beobachtungsposten erwartete die NATO im Kriegsfall den Einmarsch des Warschauer Paktes.

194 Grenzlandmuseum Eichsfeld, Duderstädter Str. 7, Teistungen, Tel. 036071 97112, www.grenzlandmuseum.de, Di.–So. 10–17 Uhr, Eintritt: 4 €, erm. 3 €. Wo heute eine Linie zwischen Thüringen und Niedersachsen gezogen wird, fand 1973–1989 grenznaher Verkehr statt.

195 Grenzmuseum Schifflersgrund, Platz der Wiedervereinigung 1, Asbach-Sickenberg, Tel. 036087 98409, www.grenzmuseum.de, tägl. 10–17 Uhr, Eintritt: 5 €, erm. 4,50 €. Das Museum an der Grenze zu Hessen war das erste seiner Art nach der Wiedervereinigung.

1970: Beim Erfurter Gipfeltreffen kommen mit Bundeskanzler Willy Brandt und DDR-Ministerpräsident Willi Stoph erstmals die Regierungschefs der beiden deutschen Staaten zusammen.

1989: Nach mehr als zehnjähriger Arbeit wird das Bauernkriegspanorama im Panorama Museum 6 in Bad Frankenhausen eröffnet.

1990: Das Land Thüringen wird neu gegründet.

1991: Erfurt wird Landeshauptstadt.

1993: Mit der Verabschiedung der Landesverfassung wird Thüringen zum Freistaat.

1996: Das Bauhaus wird mitsamt der Stätten in Weimar UNESCO-Weltkulturerbe.

1998: Das „Klassische Weimar“ wird UNESCO-Weltkulturerbe.

1999: Weimar ist Kulturhauptstadt Europas. Ab diesem Jahr zählt auch die Wartburg zum Weltkulturerbe. Das Bundesarbeitsgericht zieht von Kassel nach Erfurt.

2004: Die Herzogin Anna Amalia Bibliothek 35 brennt.

2011: Die alten Buchenurwälder der Karpaten und anderer Regionen Europas zähen zum UNESCO-Weltnaturerbe und damit auch der Nationalpark Hainich 10. Nach einem Überfall auf eine Sparkasse in Eisenach richten sich Uwe Mundlos und Uwe Böhnhardt, zwei der Haupttäter des NSU, selbst.

2014: Als erstes deutsches Bundesland wird Thüringen mit Bodo Ramelow von einem Ministerpräsidenten der Partei Die Linke regiert.

2020: Erstmals in der Geschichte der BRD lässt sich mit Thomas Kemmerich (FDP) ein Ministerpräsident mit den Stimmen der AfD wählen. Die Wahl löst eine Regierungskrise aus, in dessen Folge Kemmerich nach wenigen Tagen zurücktritt.

2021: In Erfurt findet die Bundesgartenschau statt.

2022: Die Justiz geht gegen die Patriotische Union vor, eine rechtsterroristische Reichsbürger-Gruppe, die mit einem Staatsstreich Heinrich XIII. Prinz Reuß als neuen Regenten einsetzen wollte.

2023: Nach zehnjähriger Arbeit präsentiert die Internationale Bauausstellung Thüringen ihre Ergebnisse (www.iba-thueringen.de).

Dieser Schriftzug auf dem Dach des früheren Hotels Erfurter Hof erinnert an das erste deutsch-deutsche Gipfeltreffen im Jahr 1970

ANHANG

087mt-db

Praktische Reisetipps

An- und Rückreise

Mit dem Auto

Die wichtigste Verkehrsachse ist die **A4**, die in Ost-West-Richtung durch das Bundesland führt. Sie wird bei Hermsdorf von der **A9** und bei Erfurt 17 von der **A71** gekreuzt, die beide die Verbindung in Richtung Bayern bzw. Berlin herstellen.

Der **Rennsteigtunnel** [D6] ist mit fast 8 km der längste Straßentunnel Deutschlands und erspart den Weg um bzw. über den Thüringer Wald.

Mit dem Bus

Haltestellen der großen **Fernbusunternehmen** befinden sich in Gera 53, Jena 42, Weimar 28, Erfurt, Gotha 11, Eisenach 62, Ilmenau 69 und Zella-Mehlis [C7].

Mit dem Zug

Der ICE der **Deutschen Bahn** macht in Erfurt, Eisenach, Gotha, Jena und Weimar Halt. Von InterCitys werden neben den genannten Stationen auch Apolda [F5], Gera und Saalfeld [F7] angefahren. Mit dem Anbieter **FlixTrain** kommt man von Berlin bzw. Frankfurt am Main nach Erfurt, Gotha oder Eisenach. Ein **Euronight** der tschechischen Bahn, der Prag und Zürich verbindet, verkehrt über die Landeshauptstadt.

Barrierefreies Reisen

Erfurt 17 ist nach dem bundesweit gültigen Kennzeichnungssystem „Reisen für Alle“ für besonderen Einsatz in Sachen Barrierefreiheit ausgezeichnet worden. Die weiteren zertifizierten Angebote des Bundeslandes werden in der **Broschüre „Thüringen entdecken. Komfortabel. Barrierefrei. Für Alle“** aufgeführt, die etwa über die Website des Tourismusverbands zum Download angeboten wird. Auf der Website sind zudem zahllose weitere nützliche Infos gelistet:

› https://barrierefrei.thueringen-entdecken.de

Vorseite: Fenstergestaltung am Neuen Palais 16 in Arnstadt 15

Geldfragen

Was die Wirtschaftskraft betrifft, zählt das Bundesland zu den schwächsten, dementsprechend ist das **Preisniveau** moderat. Etwas mehr Geld muss v.a. in der Landeshauptstadt Erfurt 17 und anderen Stationen der Thüringer Städtekette (s.S. 12) in die Hand genommen werden.

Die anerkannten Kur- bzw. Erholungsorte erheben in der Regel eine **Kurtaxe,** deren Höhe zwischen 1,50 € und 3,50 € pro Nacht für Erwachsene liegt, Ermäßigungen für Kinder sind möglich. Oft erhält man Vergünstigungen, wie sie auch Erlebnistickets bzw. Gästekarten (s. rechts) bieten.

Beliebte touristische Ziele wie Erfurt, Weimar 28 oder Eisenach 62 erheben eine **Kultur- bzw. Tourismusförderabgabe,** die wenige Euro, also maximal 5 % des Übernachtungspreises beträgt.

Informationsquellen

Thüringen im Internet

- **www.literaturland-thueringen.de:** Informationen zur literarischen Geschichte Thüringens, dazu gibt es einen gut gepflegten Kulturkalender
- **www.thueringen-entdecken.de:** offizieller Internetauftritt des Thüringer Tourismusverbands mit vielfältigen Entdeckertipps
- **www.thueringer-staedte.de:** gemeinschaftlicher Auftritt der größten Thüringer Städte mit Erlebnisideen und Veranstaltungskalender
- **www.thueringerschloesser.de:** Überblick über Schlösser, Burgen und Gärten sowie die dortigen Museen

‹ *Der Erfurter Hauptbahnhof ist ein wichtiger Halt im Schienennetz*

Publikationen und Medien

- **Thüringer Allgemeine** (www.thueringer-allgemeine.de): Tageszeitung aus Erfurt 17
- **Thüringische Landeszeitung** (www.tlz.de): Tageszeitung aus Weimar 28
- **Ostthüringer Zeitung** (www.otz.de): Tageszeitung aus Gera 53
- **MDR** (www.mdr.de) öffentlich-rechtlicher Sender Mitteldeutschlands, u. a. mit den Hörfunkangebot MDR Aktuell, MDR Kultur und MDR Jump (www.jumpradio.de)

Thüringen preiswert

Mehrere Gemeinden bieten **Erlebnistickets** bzw. **Gästekarten** an, die den Besuch günstiger gestalten können. In Erfurt 17, Weimar 28 und Jena 42 gibt es z.B. an zwei Tagen freie Fahrt und etliche Ermäßigungen. Detaillierte Infos hierzu stehen im ersten Teil des Buches jeweils unter „Infos und Reisetipps".

Die **Thüringer Wald Card** (www.thueringer-waldcard.de) kostet 15 €, ist ab Erwerb zwölf Monate gültig und gewährt viele Rabatte in der gesamten Region. Sie ist personengebunden und gilt zusätzlich für ein Kind bis 12 Jahre.

In Oberhof 68 wird bei der Ankunft in vielen Unterkünften kostenfrei eine Gästekarte ausgegeben, die ebenfalls Vorteile bietet. In der **Oberhof Card** ist die Thüringer Wald Card bereits integriert.

Gäste von Unterkünften im Thüringer Wald, im Schwarzatal [E7] und in Saalfeld [F7] erhalten zu ihrer Gästekarte auch das **Rennsteig-Ticket** (www.rennsteig-ticket.de), mit dem sie unbegrenzt im Netz der beteiligten Verkehrsunternehmen fahren können. Auch hier ist die Thüringer Wald Card häufig schon enthalten.

- **Landeswelle Thüringen** (www.landeswelle.de): Privatsender der Region
- **Antenne Thüringen** (www.antennethueringen.de): weiterer lokaler Privatsender
- **KiKA** (www.kika.de): öffentlich-rechtlicher Kinderkanal mit Sitz in Erfurt

Smartphone-Apps

- **Thuringia.MyCulture:** mobiler Reisebegleiter der Thüringer Tourismus GmbH mit dem Schwerpunkt Kultur und Geschichte, die mithilfe von Augmented Reality lebendig wird (kostenlos für Android und iOS)
- **Thüringer Wald:** Reisebegleiter für diverse Outdoor-Aktivitäten in der Region (kostenlos für Android und iOS)

Touristeninformation

Die Adressen **lokaler Infostellen** sind im ersten Teil des Buches jeweils unter „Infos und Reisetipps“ gelistet.

Notfälle

Notrufnummern

- **Polizei:** Tel. 110
- **Feuerwehr/Rettungsdienst:** Tel. 112
- **Ärztlicher Bereitschaftsdienst:** Tel. 116117
- **Apothekennotdienst:** Tel. 08000 022833
- **Kliniken und Krankenhäuser:** www.krankenhausspiegel-thueringen.de
- **Zahnmedizinischer Notdienst:** www.kzvth.de/notdienstsuche

Kartensperrung

Bei Verlust der **Debit-/Giro-, Kredit-**, oder **SIM-Karte** gibt es für Kartensperrungen eine **deutsche Zentralnummer** (unbedingt vor der Reise klären, ob die eigene Bank bzw. der jeweilige Mobilfunkanbieter diesem Notrufsystem angeschlossen ist). **Aber Achtung:** Mit der telefonischen Sperrung sind die Bezahlkarten zwar für die Bezahlung/Geldabhebung mit der PIN gesperrt, nicht jedoch für das **Lastschriftverfahren mit Unterschrift.** Man sollte daher auf jeden Fall den Verlust zusätzlich bei der Polizei zur Anzeige bringen, um gege-

Altenburg 59 im Winter: mit Reif bedecktes Residenzschloss 61

Maus und Co.: KiKA-Figuren tummeln sich in der Erfurter Innenstadt

090mt-db

100mt©torstengrieger, stock.adobe.com

benenfalls auftretende Ansprüche zurückweisen zu können. In **Österreich** und der **Schweiz** gibt es keine zentrale Sperrnummer, daher sollten sich Besitzer von in diesen Ländern ausgestellten Debit- oder Kreditkarten vor der Abreise bei ihrem Kreditinstitut über den zuständigen Sperrnotruf informieren.

Generell sollte man sich immer die **wichtigsten Daten** wie Kartennummer und Ausstellungsdatum **separat notieren,** da diese unter Umständen abgefragt werden.

> **Deutscher Sperrnotruf:** Tel. +49116116 oder Tel. +493040504050
> **Weitere Infos:** www.kartensicherheit.de, www.sperr-notruf.de

Wetter und Reisezeit

In Thüringen herrscht **kontinentales Klima.** Da die durchschnittliche Tageshöchsttemperatur aber bei ca. 12 °C liegt, ist es vergleichsweise kühl. Je nach Höhenlage können die Wetterbedingungen sehr unterschiedlich ausfallen. So ist das von Mittelgebirgen abgeschirmte **Thüringer Becken** in der Landesmitte eine der trockensten Regionen Deutschlands. Die Jahresdurchschnittstemperatur liegt hier bei etwa 10 °C. Die Hügelzonen bewegen sich klimatisch etwa im deutschen Durchschnitt. In den **Kammlagen des Thüringer Waldes** beträgt die Temperatur im Jahresmittel 5–6 °C, wodurch aber selbst im Hochsommer akzeptable Bedingungen für Ausflüge und Wanderungen herrschen sollten.

Generell bieten sich die wärmeren Monate von **Mai bis September** für eine Reise an.

Die **Wintersportgebiete** des Landes (s. S. 118), etwa Oberhof, haben in der Regel in den Wintermonaten Schnee zu bieten.

Durchschnitt	Wetter in Thüringen											
Maximale Temperatur	2°	4°	8°	13°	18°	22°	24°	23°	20°	14°	7°	3°
Minimale Temperatur	−3°	−2°	0°	4°	8°	11°	13°	13°	10°	6°	2°	−2°
Regentage	17	15	13	14	14	13	14	13	13	14	15	15
	Jan	Febr	März	Apr	Mai	Juni	Juli	Aug	Sept	Okt	Nov	Dez

Register

A
Abbe, Ernst 72
Albert von Sachsen-Coburg und Gotha 33
Altenburg 87
Alte Synagoge 45
Andenken 126
Anger 42
Angermuseum 43
Ankersteine 127
Anna Amalia 53, 58
Anreise 134
Apolda 69
Apotheke 136
Apps 136
Arnstadt 38
Arzt 136
Augustinerkloster 45
Ausgrabungsstätte Steinrinne Bilzingsleben 26
Auto (Anreise) 134
Automobile Welt Eisenach 91

B
Bachhaus Eisenach 93
Bach, Johann Sebastian 93
Bachkirche Arnstadt 40
Bachwochen, Thüringer 120
Baden 112
Bad Frankenhausen 26
Bad Langensalza 32
Bad Salzungen 104
Bad Sulza 65
Bad Tabarz 37
Bahn 15, 134
Band, Grünes 131
Barbarossa 24, 87
Barbarossahöhle 25
Barrierefreies Reisen 134
Bauernaufstände 26
Bauernkriegsmuseum Kornmarktkirche 30
Bauhaus 56
Bauhaus-Museum 56
Bauhaus-Rundgänge 83
Bauhaus-Werkstatt-Museum Dornburg 70
Baumkronenpfad 33
Behinderte 134
Belvedere, Schloss und Park 65
Benutzungshinweise 8
Bier 123
Bleiloch-Talsperre 81
Bonifatius 41, 48
Bootsverleih 112
Botanischer Garten Jena 74
Brahms, Johannes 108
Brandt, Willy 34
Bratwurst 122
Buchen-Urwald 31
Buchenwald, KZ 66
Bülow, Hans von 109
Bürgeler Töpferwaren 126
Burg Gleichen 38
Bus 15, 134

C
Carl August 53, 71
Christbaumschmuck, Lauschaer 126
Collegium Maius 44
Cranach-Haus 62
Cyriaksberg 50

D
Debitkarte 136
Deutsch-deutsches Museum Mödlareuth 131
Deutsches Gartenbaumuseum 51
Deutsches Nationaltheater 58
Deutsches Versicherungsmuseum Ernst Wilhelm Arnoldi 37
Divi-Blasii-Kirche 30
Dix, Otto 84
Domberg 47
Dom St. Marien 47
DomStufen-Festspiele 120
Dornburger Schlösser 70
Drachenschlucht 95
Drei Gleichen 38

E
EC-Karte 136
Eckhart, Meister 47
Egapark 50
Eichsfeld 18
Einkaufen 126
Eisenach 90
Eiserner Vorhang 131
Ekhof, Conrad 35
Elisabeth Eleonore von Braunschweig-Wolfenbüttel 108
Elisabeth von Thüringen 94
Erfurt 41
Erfurter Blau 126
Erfurter Gipfeltreffen 42
Erfurter Herbstlese 122
Erfurter Schatz 45
Erfurter Unionsparlament 46
Erinnerungsort Topf & Söhne 51
Ernst I. (der Fromme) 33, 35
Ernst II. 36
Essen 122
Ettersberg 66
Events 120

F
Fahrrad 113
Falk, Johann Daniel 121
Färberwaid 126
Feengrotten, Saalfelder 80
Feste 120
Fischmarkt 46
Flohburg – Das Nordhausen-Museum 20
Folklore 120
Frau Holle 107
Freilichtmuseum Königspfalz Tilleda 23
Fremdenverkehrsamt 136
Friedrich-Fröbel-Museum 80
Friedrich I. 24, 87
Friedrich II. 24
Friedrichroda 97
Friseursalon, historischer 89
Fürstengruft 67

G

Gärten 50, 64, 65, 86
Gästekarten 135
Gastronomie 122
Gedenkstätte „Goldener Löwe“ 96
Gedenkstätte Haus auf der Grenze – Point Alpha 131
Gedenkstätte KZ Mittelbau-Dora 19
Gedenkstätte KZ Buchenwald 66
Gedenk- und Bildungsstätte Andreasstraße 51
Geld 135
Georg II. von Sachsen-Meiningen 109
Gera (Fluss) 38, 41
Gera-Radweg 114
Gera (Stadt) 82
Geschichte 128
Getränke 123
Gipfeltreffen, Erfurter 42
Girocard 136
GlockenStadtMuseum Apolda 69
Goethehäuschen 100
Goethe, Johann Wolfgang von 58, 61
Goethe-Nationalmuseum 61
Goethes Gartenhaus 64
GoetheStadtMuseum Ilmenau 100
Goethes Wohnhaus 61
Goethewanderweg 100
Gotha 33
Gradierwerk Bad Salzungen 104
Greiz 85
Grenzlandmuseum Eichsfeld 131
Grenzmuseum Schifflersgrund 131
Gropius, Walter 56
Grünes Band 131

H

Hainich 31
Handy 136
Harz 18
Harzquerbahn 20
Hauptmarkt (Gotha) 36
Haus Am Horn 67
Haus Dacheröden 43
Haus der Weimarer Republik 67
Haus Hohe Pappeln 67
Haus Schulenburg 84
Haus zum Breiten Herd 47
Haus zum Roten Ochsen 47
Heidecksburg 78
Henneberger Haus 107
Herder, Johann Gottfried 57
Herderkirche 57
Herzogin Anna Amalia Bibliothek 63
Herzogliches Museum Gotha 36
Historische Höhler 84
Historische Wehranlage Mühlhausen 29
Hochrhöner 115
Hofkapelle, Meininger 109
Hoftheater Gotha 35
Hohenstein, Elger zu 47
Hohenwarte-Talsperre 81, 112
Höhler, historische 84
Hotels 14
Hütes (Klöße) 107

I

Ilmenau 99
Ilmtal-Radweg 114
Imaginata 75
Informationsquellen 135
Infostellen 136
Inselsberg, Großer 97
Internetseiten 135
Iron Curtain Trail 131

J

Japanischer Garten Bad Langensalza 32
Jazzmeile Thüringen 122
Jena 71
Jenaer Glas 126
JenTower 72

K

Kanufahren 113
Kartensperrung 136
Keramik 126
Keramikmuseum Bürgel 126
Kessler, Harry Graf 53
Kickelhahn 100
Klassiker 69, 71
Klassik Stiftung Weimar 67
Kleinstaaterei 129
Klettern 118
Klima 137
Klöße, Thüringer 123
Königspfalz Tilleda 23
Krämerbrücke 43
Krämerbrückenfest 120
Krankenhäuser 136
Kreditkarte 136
KulturArena 120
Kulturhistorisches Museum Mühlhausen 30
Kulturhof zum Güldenen Krönbacken 44
Kunstfest Weimar 120
KunstForum Gotha 37
Kunsthalle Erfurt 47
Kunsthaus Meyenburg 20
Kurtaxe 135
Kyffhäuser 18, 24
Kyffhäuser-Denkmal 22
KZ Buchenwald 66
KZ Mittelbau-Dora 19

L

Langlauf 118
Lauscha 126
Lehesten 82
Lengefeld, Charlotte von 78
Leuchtenburg 76
Lindenau-Museum 87
Liszt, Franz 22, 53
Liszt-Haus 64
Literaturmuseum Baumbachhaus 110
Literaturmuseum Romantikerhaus 75
Literaturtipps 13
Lutherbibel 63
Lutherhaus Eisenach 92

Luther, Martin 45, 94
Lutherweg 116
Lutherzelle 46

M
Maestro-Karte 136
Mann, Thomas 58, 60
Maria Pawlowna 53, 59
Marienglashöhle Friedrichroda 97
Markt (Weimar) 62
Marlitt, E. 39
Max-Reger-Archiv 108
MDR-Musiksommer 120
Medien 135
Meiningen 106
Meininger Hofkapelle 109
Meister Eckhart 47
Michaelisstraße 44
Mies van der Rohe, Ludwig 57
Mikwe 45
Mini-a-thür 97
Mitbringsel 126
Mittelalterliche Mikwe 45
Mittelbau-Dora 19
Moderne 53
Mountainbike 113
Mühlburg 38
Mühlenfähre 82
Mühlhausen 28
Müntzer, Thomas 30
Museum für Angewandte Kunst 85
Museum Neues Weimar 68
Museum Oberes Schloss Greiz 86
Museum Schloss Burgk 82
Museum Tabakspeicher 20
Museum Unteres Schloss Greiz 86

N
Nachtleben 52, 69, 76
Nationalpark Hainich 31
Nationaltheater Weimar 58
Naturkundemuseum Erfurt 51
Neideck, Wasserschlossruine 39
Neptunbrunnen 62
Neues Bauen 82
Neues Weimar 53
Nietzsche-Archiv 68
Nordhausen 18
Notfälle 136
Notruf 136
Nougat 125

O
Oberes und Unteres Schloss Greiz 85
Oberhof 98
Oberweißbach 101
Orangerie (Gera) 83
Orangerie (Gotha) 35
Orangerie (Weimar) 65
Oßmannstedt 69
Osterland 82
Otto-Dix-Haus 84

P
Panorama Museum Bad Frankenhausen 26
Park an der Ilm 64
Parks 31, 50, 64, 65, 86
Peterskirche 50
Philipp I. von Hessen 105
Phyletisches Museum 75
Planetarium Jena 74
Point Alpha 131
Polizei 136
Porzellan 77, 127
Predigerkirche 47
Preisniveau 135
Prinzenraub, Altenburger 88
Produkte, Thüringer 125
Publikationen 135

Q, R
Q-City 106
Rabenturm 29
Radfahren 113
Reformation 90, 104
Reichsburg Kyffhausen 22
Reisezeit 137
Rennsteig 116
Rennsteiglauf 120
Rennsteig-Ticket 135
Residenzschloss Altenburg 88
Residenzschloss Heidecksburg 78
Reuß, Fürsten von 82, 86
Reuter-Wagner-Museum 96
Rococo en miniature 79
Rokokosaal 63
Romantik 71
Römisches Haus 64
Ronneburg 85
Rostbratwurst, Thüringer 122
Rote Spitzen 89
Rudolstadt 77
Rudolstädter Vogelschießen 120
Rudolstadt-Festival 120
Ruhla 97

S
SaaleHorizontale 117
Saaleland 70
Saale-Radweg 115
Saaleschleife 81
Saalfelder Feengrotten 80
Sängerkrieg 94
Satiricum 86
Schiefer Turm (Bad Frankenhausen) 27
Schiffsfahrten 82
Schiller, Friedrich 58, 60
Schillerhaus Rudolstadt 78
Schiller-Museum Bauerbach 110
Schillers Gartenhaus 72
Schillers Wohnhaus und Schiller-Museum Weimar 60
Schlacht bei Jena und Auerstedt 49, 61, 71
Schloss Elisabethenburg 108
Schloss Friedenstein 34
Schloss Greiz 85
Schlossmuseum im Neuen Palais 39
Schloss Sondershausen 21
Schloss und Park Belvedere 65
Schloss und Park Ettersburg 69
Schloss und Park Tiefurt 68

Schloss- und Spielkarten-
museum Altenburg 89
Schloss Wilhelmsburg 105
Schmales Haus Eisenach 96
Schmalkalden 104
Schokolade 125
Schott, Otto 72, 126
Schulenburg, Paul 84
Schwarzatal 101
Schwarzbier 123
Seenplatte Goldene Aue 113
Segeln 112
Senf 125
Severikirche 47
Shopping 126
Skat 87
Skatbrunnen 89
Skifahren 118
Solewelt Bad Salzungen 104
Sommergewinn Eisenach 120
Sommerpalais Greiz 86
Sommerrodelbahn 97
Sondershausen 21
Sonneberg 127
Souvenirs 126
Spartipps 135
Sperrnotruf 137
Spezialitäten, Thüringer 122
Spielkarten, Altenburger 127
Spielzeug, Sonneberger 127
Staatstheater Meiningen 109
Städtekette,
Thüringer 12, 115
Stadtschloss Weimar 68
Stasi-Unterlagen-Archiv
Erfurt 50
Stauseen 81
Steinach 118
St. Marien (Erfurt) 47
St. Marien (Mühlhausen) 29
Strände 112
Suhl 102
Suhler
Waffenschmied 103
Synagoge, Alte 45

T

Talsperren 81
Tauchen 112
Technisches Denkmal
„Historischer Schiefer-
bergbau Lehesten“ 82
Theatermuseum „Zauberwelt
der Kulisse“ 110
Thomas-Müntzer-
Gedenkstätte 29
Thüringer Bauernhäuser
Rudolstadt 79
Thüringer Bergbahn 101
Thüringer Meer 81
Thüringer Städtekette 12, 115
Thüringer Wald 90
Thüringer Wald Card 135
Tiefurt, Schloss und Park 68
Tivoli Gedenkstätte 37
Töpferwaren, Bürgeler 126
Touristeninformation 136
Trinken 123
Trusetaler Wasserfall 98
Tübke, Werner 26
Turm, Schiefer
(Bad Frankenhausen) 27

U

UNESCO-Welterbe 32, 53, 93
Unionsparlament, Erfurter 46
Unstrut-Radweg 115
Unterkunft 14
Uranabbau 85

V

Vegetarier 122
Velde,
Henry van de 56, 84
Veranstaltungen 120
Verkehrsmittel 15
Vessertal 102
Veste Wachsenburg 38
Via Imperii 87
Via Regia 39
Viba 125
Vogelschießen,
Rudolstädter 120
Vogtland 82, 85
Vorwahlen 8
Vulpius, Christiane 61

W

Waffenmuseum
Suhl 102
Wagner, Richard 95
Waldbahn 37
Wald, Thüringer 90
Wandern 115
Wartburg 93
Wartburgfest 90, 95
Wassersport 112
Wasserwandern 113
Weihnachtsbaum 121
Weihnachtsmarkt 122
Weihnachtsschmuck
aus Lauscha 126
Weimar 53
Weimarer Klassik 71
Weimarer Republik 53, 59
Wein 124
Werratal-Radweg 115
Wetter 137
Wielandgut
Oßmannstedt 69
Wildkatzendorf
Hütscheroda 33
Wilhelm Ernst 58, 63
Wilhelm I. 23
Wintersport 118
Wismut 85
Wittumspalais 68
Wurst, Eichsfelder 125

Z

Zeiss, Carl 71
Zeiss-Planetarium 74
Zitadelle Petersberg 49
Zug 15, 134
Zwiebelmarkt,
Weimarer 122

Impressum

David Blum

MeinTrip Thüringen

© Reise Know-How Verlag
Peter Rump GmbH

1. Auflage 2023

ISBN 978-3-8317-3736-9

Printed in Germany

Druck und Bindung:
mediaprint solutions GmbH, Paderborn

Herausgeber: Ulrich Kögerler, Klaus Werner
Layout: amundo media GmbH (Umschlag, Inhalt), Peter Rump (Umschlag)
Lektorat: amundo media GmbH
Karten: Ingenieurbüro K. Wendler, amundo media GmbH
Anzeigenvertrieb: KV Kommunalverlag GmbH & Co. KG, Alte Landstraße 23, 85521 Ottobrunn, Tel. 089 928096-0, info@kommunal-verlag.de
Kontakt: Osnabrücker Str. 79, 33649 Bielefeld, info@reise-know-how.de

Alle Angaben in diesem Buch sind gewissenhaft geprüft. Preise, Öffnungszeiten usw. können sich jedoch schnell ändern. Für eventuelle Fehler übernehmen Verlag wie Autor keine Haftung.

Bildnachweis
Umschlagvorderseite: © kranidi/Bramsiepe, stock.adobe.com | Umschlagrückseite: David Blum | Umschlagklappe rechts: © Thüringer Bergbahn, Paul Hentschel Photography. Soweit ihre Namen nicht vollständig am Bild vermerkt sind, stehen die Kürzel an den Abbildungen für die folgenden Fotografen, Firmen und Einrichtungen. David Blum: db | GECKO.1, Bundesgartenschau Erfurt 2021 gGmbH/Alexander Weingarten: gecko | Saalfelder Feengrotten und Tourismus GmbH/Matthias Frank Schmidt: sfg

Zeichenerklärung

- Sehenswürdigkeit
- Aussichtspunkt
- Bar, Treffpunkt
- Bibliothek
- Biergarten, Pub, Kneipe
- Burg, Schloss
- Café
- Denkmal
- Flughafen
- Galerie
- Geschäft, Kaufhaus, Markt
- Hotel, Unterkunft
- Jugendherberge, Hostel
- Informationsstelle
- Kirche
- Krankenhaus, Arzt
- Museum
- Musikszene, Club, Disco
- Parkplatz
- Pension, Bed & Breakfast
- Restaurant
- ★ Sehenswürdigkeit
- Sonstiges
- Sport-/Spieleinrichtung
- Straßenbahn-Halt
- Theater

Bewertung der Attraktionen

★★★ nicht verpassen
★★ besonders sehenswert
★ wichtig für speziell interessierte Besucher

Thüringen mit PC, Smartphone & Co.

QR-Code auf dem Umschlag scannen oder **www.reise-know-how.de/meintrip/thueringen23** eingeben und die **kostenlose Web-App** aufrufen (Internetverbindung zur Nutzung nötig)!

★**Anzeige der Lage und Satellitenansicht aller** beschriebenen Sehenswürdigkeiten und weiteren Orte
★**Routenführung** vom aktuellen Standort zum gewünschten Ziel
★**Updates** nach Redaktionsschluss

GPS-Daten zum Download

Die GPS-Daten aller Ortsmarken stehen auf der Produktseite des Titels auf www.reise-know-how.de zum Download zur Verfügung.

Die Information über und die Bereitstellung von digitalen Zusatzinhalten (z. B. Web-App, Links, GPS-Tracks o. Ä.) ist eine freiwillige Zusatzleistung des Verlages, auf die kein Anspruch besteht und für deren Richtigkeit aufgrund der Veränderlichkeit solcher Informationen auch nicht gehaftet werden kann. Insbesondere behält sich der Verlag deshalb vor, die Bereitstellung und die Zugriffsmöglichkeit zeitlich zu befristen und den Zugriff hierauf auch vorfristig abzuschalten.

Subbotnik im Forst: Waldarbeiterdenkmal bei Oberhof 68

096mt-db

Legende Stadtplan Erfurt

18 [S. 144] Anger S. 42
19 [S. 144] Krämerbrücke S. 43
20 [S. 144] Michaelisstraße S. 44
21 [S. 144] Alte Synagoge S. 45
22 [S. 144] Augustinerkloster S. 45
23 [S. 144] Fischmarkt S. 46
24 [S. 144] Predigerkirche S. 47
25 [S. 144] Domberg mit Dom St. Marien und Severikirche S. 47
26 [S. 144] Zitadelle Petersberg S. 49
27 [S. 144] egapark S. 50

9 [S. 144] Krämerhaus Suiten S. 15
49 [S. 144] Anger 1 S. 43
50 [S. 144] Angermuseum S. 43
51 [S. 144] Haus Dacheröden S. 43
•52 [S. 144] Haus der Stiftungen S. 44
53 [S. 144] Kulturhof zum Güldenen Krönbacken S. 44
★54 [S. 144] Mittelalterliche Mikwe S. 45
55 [S. 144] Kunsthalle Erfurt S. 47
•56 [S. 144] Stasi-Unterlagen-Archiv Erfurt S. 50
58 [S. 144] Gedenk- und Bildungsstätte Andreasstraße S. 51
59 [S. 144] Naturkundemuseum Erfurt S. 51
60 [S. 144] Erfurt Tourist Information S. 51
61 [S. 144] 360Grad Thüringen Digital Entdecken S. 51
62 [S. 144] Café Füchsen S. 51
63 [S. 144] EAT S. 51
64 [S. 144] Klara Grün S. 51
65 [S. 144] Kurhaus Simone S. 51
66 [S. 144] Nerly S. 52
67 [S. 144] Viba Confiserie-Café S. 52
68 [S. 144] Born Senfladen S. 52
69 [S. 144] Erfurter Blau S. 52
70 [S. 144] Goldhelm Schokoladen Manufaktur S. 52
71 [S. 144] Handwerkskunst Dürerhaus S. 52
73 [S. 144] Mrs. Hippie S. 52
74 [S. 144] Franz Mehlhose S. 52
76 [S. 144] Theater Erfurt S. 52
77 [S. 144] Theater Waidspeicher S. 52